LES

COURTISANES

DU

SECOND EMPIRE.

LES

COURTISANES

DU

SECOND EMPIRE.

MARGUERITE BELLANGER.

ÉDITION DE LUXE

AVEC LETTRES AUTOGRAPHES.

— **DEUXIÈME ÉDITION.** —

BRUXELLES,
OFFICE DE PUBLICITÉ,
46, RUE DE LA MADELEINE, 46.

1871

BRUXELLES. — IMPR. ET LITH. DE E. GUYOT, RUE DE PACHÉCO, 12.

SOMMAIRE.

Au lecteur. — Les Courtisanes du second Empire.

Marguerite Bellanger.

Ses lettres au « cher seigneur ». — Faut-il croire à leur sincérité ?

L'histoire vraie. — L'Entourage du maître. — La jolie société officielle de l'époque.

Rara avis. — Le désir de Jupiter. — Impuissance des courtisans.

Deux vierges. — Père, dévoué et malin. — Doux moment ! — Margot.

Ses antécédents. — Sa vie. — Son caractère.

Entrée de jeu.

La croix d'Hostein. — La petite maison de Mocquart. — Margot éblouie.

La réhabilitation. — Mocquart lui fait entrevoir la palme de l'héroïsme.

Elle le voit. — Comédie de la maternité. — Grossesse simulée.

Histoire d'une grenouille et d'un marquis.—Obligation de compromettre Margot.

Les attitudes de la favorite. — Biarritz. — Fête de bienfaisance.

Candeur de Margot. — Un soir ! — La délivrance.

Tout est sauvé fors l'honneur !

La vraie mère. — Les lundis de l'Impératrice. — Le ballet des abeilles.

La logique de Mocquart. — Une bénédiction nuptiale.

ÉPILOGUE.

Délation de Morny. — Fureur d'une auguste légitime. — Ses menaces.

Désarroi de la Société Sire, Mocquart, Margot et Cie.

Exil pour rire de la favorite. — Ses réflexions. — Le truc de Mocquart.

Devienne ou le magistrat serviable. — Tout est bien qui finit bien.

Moralité.

Cher Seigneur

Je ne vous ai pas écrit depuis mon départ craignant de vous contrarier mais après la visite de Mé de Vienne je crois devoir le faire d'abord pour vous prier de ne pas me mépriser car sans votre estime je ne sais ce que je deviendrai; ensuite pour vous demander pardon j'ai été coupable c'est vrai mais je vous assure que j'étais dans le doute d'être mère. cher Seigneur si il est un moyen de racheter ma faute et je ne reculerai devant

rien Si toute une vie de
évouement peut me rendre
votre estime la mienne vous
partient et il n'est pas
un sacrifice que vous me
emandiez que je n'aie dans
ité à accomplir Si il faut
our votre repos que je m'exile
passe à l'Étranger dites
un seul mot et je pars
mon cœur est si pénétré
e reconnaissance pour
tout le bien que vous
m'avez fait que souffrir
pour vous serait encore du
bonheur aussi la seule
chose dont à tout prix je
ne veux pas que vous doutiez
c'est de la sincérité et de la

profondeur de mon ame
pour vous aussi je vous
en supplie repondez-moi
quelques lignes pour me
dire que vous me pardonnez
Mon adresse est (chez Mr Bellanger
rue de Launay Commune
Villebernier près Saumur)
En attendant votre réponse
cher Seigneur recevez les
adieux de votre toute devouée
mais bien malheureuse

Marguerite

Monsieur

Vous m'avez demandé
compte de mes relations
avec l'Empereur et quoiqu'il
m'en coûte je veux vous
dire toute la vérité Il est
terrible d'avouer que je l'ai
trompé moi qui lui dois
tout mais il tait fait
pour moi que je veux tout
vous dire je ne suis pas
accouchée a 7 mois mais bien
a 9 dites lui bien que je
lui en demande pardon
J'ai Monsieur votre parole

l'honneur que vous garderez
cette lettre
Recevez Monsieur l'assurance
de ma considération distinguée

M. Bellanger

AU LECTEUR.

Ce n'est pas sans avoir hésité assez longuement que l'auteur a entrepris ces récits, fidèles en tous points, et intéressants à un si haut degré.

Avant de prendre la plume, il avait, pour la première fois, ouvert les brochures qu'il croyait être du même genre que celle qu'il se proposait d'écrire.

Ce fut avec un profond dégoût qu'il les rejeta toutes les unes après les autres.

Quel style! que de platitudes! quelle prose écœurante! que de contes à dormir debout! que de calomnies idiotes! C'est vraiment navrant.

Il renonça à son projet; puis, bien en face de lui-même, il se dit qu'après tout l'écrit qu'il méditait serait si dissemblable aux autres, par le piquant du sujet, le soin de la forme, sa qualité extraordinaire de témoin presque oculaire des faits, sa sincérité complète, que le public n'hésiterait pas à lui rendre justice en reconnaissant que ce livre n'est, presque, qu'un roman politique et essentiellement parisien, utile à la véridique histoire du règne bizarre, *opérettique*, de celui qui s'appela : l'Empereur Napoléon III.

La Pompadour, la Dubarry, même après La Vallière et Mme de Maintenon, trouvèrent des photographes de plume qui mirent un soin particulier à retracer les traits du visage et ceux de l'existence de toutes les royales et impériales amantes, qui appartiennent à l'histoire.

La photographie de Marguerite Bellanger vient se joindre aujourd'hui à cette galerie, qui ne sera complète que lorsque les rois n'aimeront plus les bergères, ou que celles-ci dédaigneront les royales amours.

LES COURTISANES DU SECOND EMPIRE.

L'homme s'agite, la femme le mène.

Depuis Ève, cela est, et cela sera toujours.

Les petites dames, et souvent même les grandes qui allaient — il faut le dire — sur les brisées des petites, sous le second Empire, ont eu une influence énorme sur ses destinées, et faire leur histoire est ajouter un chapitre indispensable de plus à celle de ce règne, si singulier à tant de titres divers.

Chaque époque a ses courtisanes, et celles du second Empire sont aussi dissemblables des Phryné et des Aspasie, que le Pape l'est de Garibaldi.

Lorsque, après la chute de Bonaparte, l'esprit public s'est ému de l'état désastreux des finances, la première pensée qui se soit présentée à l'esprit de tous, fut de savoir où avait passé tout l'or qui manquait.

— Où donc s'en est-il allé, notre argent, disaient les contribuables, nous en avons tant donné! Certes, le faste était grand; mais pour engloutir cet amas de richesses, il fallait un abîme sans fond; pour dévorer tant de ressources, un vampire homérique. — Eh non, naïfs, votre or s'est promené sous vos yeux pendant vingt ans, autour du lac du bois de Boulogne, butin des impérialistes, festoyant sur la musique d'Offenbach! Le *persil* familier aux Parisiens de la décadence a ruiné le pays, et Paris, aveugle, prenait un malin plaisir à voir le défilé quotidien des drôlesses qui mangeaient la France.

— « Allons au Bois! » était le mot de la gentry, et cocodès, petits crevés, gens sérieux, gens de plaisirs, tous suivaient le cortége... des chignons rouges!

Toute révolution engendre des excès, et, certes, le coup d'État, qui fut le revirement de 1848, doit occuper dans l'histoire de notre temps une place si large, qu'il est utile et curieux d'analyser les transformations sociales qui furent sa conséquence immédiate.

Au bien-être très-suffisant déjà qui s'était généralement répandu dans les dernières années du règne de Louis-Philippe, succéda une période de prospérité factice, qui jeta dans la foule, heureux et satisfaits, un tas de gens qui, la veille, étaient plus que besogneux ; il ressortit de cet état de choses un besoin de satisfaction sans bornes, un culte du plaisir effréné, une envie folle de tâter de toutes les jouissances humaines, une soif d'ivresses inextinguible !

De là les *Courtisanes du Second Empire* ; de là cette dépravation qui eut, sur les destinées de la France, une influence si grande, que Metz et Sedan sont nés dans l'alcôve où le vice enlaça la plus belle et la plus énergique des nations.

Le superflu devint le nécessaire, et un monde nouveau se fit place dans l'ancien. La concurrence s'établit entre le vrai monde et le demi. On vit trôner ce dernier aux meilleures places de nos théâtres et dans les plus élégantes voitures du Bois ; les plus luxueuses et les plus excentriques de ces drôlesses devinrent célèbres ; quelques-unes cumulèrent les fonctions de fille de plaisir avec celle de mauvaise actrice, et on applaudit l'une, parce qu'on avait aimé l'autre, ou on l'aima d'abord pour aller l'applaudir après, débitant des choses neptes, grossièrement exprimées, faussement chantées, qu'on s'empressa d'apprendre par cœur :

Voilà le chic
De Monsieur Chilpéric !

La *Dame aux Camélias*, qu'avait précédée *La vie de Bohême*, marqua le commencement du règne des filles. Elles s'appelaient encore, à cette époque, des *lorettes*. La littérature les consacra. Après la *Dame* vinrent les *Filles de marbre*, puis le *Mariage d'Olympe*, et le succès de toutes ces pièces, qui eurent un si grand retentissement et une influence si énorme sur tous les genres d'écrits, enfanta la puissance de Toto et de Tata, ainsi que les dernières œuvres de M. Arsène Houssaye. Un de ses livres s'appelle, je crois : *Les Courtisanes du Grand Monde*. Il fut accepté, dévoré ; personne ne cria ni au scandale, ni à l'invraisemblance, car la courtisane s'était infiltrée partout, ou plutôt toutes les classes de la société avaient vu naître les leurs.

L'éclat du succès de Dumas fils fit que toute fille de portière rêva de devenir une Marguerite Gauthier, et qu'il n'y eut pas un jeune homme de vingt ans, à Paris, qui ne caressât, comme la plus douce chimère, d'être Armand Duval, un jour ou l'autre.

Jules Janin, le grave prince des critiques, écrivit même, dans nous ne savons plus quelle préface :

— « Que faisait la France en 1852? dira-t-on.

— « Elle pleurait sur les malheurs de *la Dame aux Camélias!* »

Le drame de Dumas fils était fort bien fait ; en outre, sa forme était des plus attrayantes ; mais il initiait aux mystères de l'existence des filles entretenues, avec un tact si rare que les plus choquants détails, sauvés par de l'esprit et une incomparable légèreté de touche, furent admis, si révoltants qu'ils fussent, comme les choses les plus naturelles ; en outre, il montrait un père venant supplier une fille de plaisir de lui rendre son fils, c'est-à-dire la famille luttant contre le concubinage; celui-ci reconnu, idéalisé, ayant pour loi suprême : l'amour, et, par conséquent, offrant à toute la jeunesse un irrésistible attrait ; puis, pouvait-on en vouloir longtemps à cette pauvre Marguerite! ange déchu qui mourrait à la chute des feuilles, comme le jeune malade de Millevoye.

C'était impossible.

Les Marguerite Gauthier devinrent à la mode; toutes voulurent avoir un duc qui les couvrît d'or, un comte qui les menât souper, et un Armand qui s'enfuît vivre avec elles à la campagne. Si la famille d'Armand s'en mêlait un jour, eh bien, Marguerite discuterait avec le père Duval et traiterait la question de puissance à puissance, et si ce dernier ne pouvait donner, à la rupture demandée, d'aussi mauvaises raisons que celles qu'invoque le père d'Armand dans la comédie, on l'enverrait à *la balançoire*.

En attendant, on buvait du vinaigre pour se faire maigrir et gagner le teint de l'emploi, et on apprenait à tousser angéliquement, de façon à fendre le cœur aux fils de famille. Une bronchite était un vrai trésor, et pendant plusieurs années, les privilégiées qui eurent leur petite bronchite purent étaler un luxe princier.

Tandis que le demi-monde se formait et devenait une classe dans l'État, les spéculations de toute espèce remplissaient les poches des pauvres de la veille, d'un argent si facilement acquis, que la plupart d'entre eux le jetèrent au vent de tous leurs caprices aussi facilement qu'ils le ramassaient dans la corbeille des agents de change ou dans la cohue des coulissiers.

L'établissement et la reconnaissance publique du demi-monde, d'un côté, l'abondance de l'argent, de l'autre, élargirent le cercle interlope d'une façon si grande, qu'une lutte véritable s'établit bientôt entre les femmes honnêtes et les drôlesses.

De leur côté, les grandes dames qui, par leur position de fortune, pouvaient, beaucoup plus que les bourgeoises, prendre part à tous les plaisirs de la capitale, se trouvèrent coudoyant presque chaque jour les filles de plaisir célèbres, et comme ces dernières, afin d'entretenir l'enthousiasme de leurs galants, dépensaient des sommes folles pour leur toilette; écrasées d'abord par ce luxe, que défrayait, la plupart du temps, une véritable *société* d'adorateurs, les femmes du monde augmentèrent leur budget dans des proportions considérables et finirent par adopter des modes si luxueuses et tellement analogues à celles que suivaient les courtisanes, qu'à moins de connaître son tout-Paris sur le bout du doigt, on pouvait prendre aisément les unes pour les autres, et que rien n'était plus difficile que de savoir si l'on avait affaire à une drôlesse ou à une femme du monde.

C'était la *Vie Parisienne* :

. . . Deux femmes divines,
Mes voisines,
Tout à coup frappent mes yeux.
Toutes deux, elles étaient belles,
Mais à faire perdre l'esprit.
Je demande : Qui donc sont-elles?
Et voici ce que l'on me dit :
— L'une est une femme à la mode
Assez commode,
Qui ne compte plus ses amants;

L'autre, ah! l'autre est une comtesse,
Et sa noblesse
Remonte à deux ou trois cents ans.
Examinez bien leur toilette,
Et puis après, voyons, parlez:
Dites, quelle est la cocodette
Et quelle est la cocotte; allez!

Les hommes s'en donnaient à cœur joie, de leur côté. Aux distractions que leur offraient les boudoirs du monde interlope, les parties fines et les avant-scènes des petits théâtres où ils allaient sans leurs femmes, ils joignirent les attraits du cercle, et la plupart d'entre eux délaissèrent tellement le foyer conjugal, qu'il en résulta pour la femme un excès de liberté des plus dangereux.

Les dépenses de Monsieur montèrent comme celles de Madame; alors Madame fit des dettes; puis un jour les créanciers devinrent exigeants; Monsieur, brossé d'importance au baccarat, n'était pas d'humeur à recevoir, ce jour-là, une confidence du genre de celle que Madame s'apprêtait à lui faire; si bien que Madame, afin d'éviter un éclat, s'en alla trouver Gustave, un soupirant bien respectueux qui mettait chaque jour à ses pieds sa vie et sa fortune.

Voilée, tremblante, Madame a confié, à son bon ami, sa situation critique ; aussitôt Gustave a ouvert son coffre-fort et Madame est partie en le bénissant, jurant de ne plus recommencer et de se priver de tout pour restituer le plus tôt possible, à Gustave, le prêt qu'il a bien voulu lui faire ; mais le lendemain, la fatalité a voulu que Madame occupât, au Palais-Royal, l'avant-scène à côté de celle de Gredinette.

Or Gredinette avait une toilette à faire rêver une châsse, et se disant que Gustave était, après tout, un galant homme qui aurait une patience énorme, Madame s'en est allée, dès le lendemain, chez son *couturier*, lui commander une toilette capable de précipiter toutes les Gredinettes dans le quatrième dessous de l'humiliation. Hélas ! un jour, il a fallu retourner chez Gustave, non pour lui rendre ce qu'on lui devait, mais bien pour réclamer de lui un nouveau service. Gustave s'est empressé de le rendre, mais après il a été pressant, suppliant ; il a bien fallu céder, et en un instant l'ami complaisant est devenu l'amant payant de Madame, et celle-ci une femme entretenue.

Le premier pas fait, Madame n'a pas reculé devant le second. Gustave s'est lassé, s'est ruiné, est parti ; Gredinette, qui appartenait à cette vieille garde galante qui, comme on l'a si bien dit, se rend toujours et ne meurt jamais, préférant quotidiennement le déshonneur au trépas, Gredinette est restée d'une élégance étourdissante ; Madame n'a pas voulu abdiquer; elle a cherché un nouveau banquier : Édouard, auquel succéda Paul, puis Ernest. Après deux amants, qu'importe le nombre.

Les courtisanes du vrai monde ont été la conséquence des courtisanes du demi. Une autre classe, et cette fois la plus élevée, a engendré la catégorie des raffinées, qu'on a nommées les cocodettes. Ce fut la fleur du panier.

Des courtisanes du demi-monde elles eurent les allures et le jargon; des courtisanes du vrai, le luxe sans bornes. Admises au château, comme on disait dans ces dernières années, leurs moindres faits et gestes étaient relatés dans les feuilles mondaines, et les femmes moins en vue enviaient leur bruyante notoriété.

Les journaux s'étaient, du reste, fort complaisamment prêtés à donner, même aux filles, une importance complétement anormale, qui devait affirmer leurs fonctions dans les rouages parisiens.

Lorsque la chronique fut fondée sous les lois d'une censure rigide, il lui fallut chercher ses sujets partout, n'ayant d'autre préoccupation que d'échapper aux ciseaux des censeurs. Ceux-ci, trop sévères pour tout ce qui rentrait dans les discussions politiques et celle des actes du gouvernement, se montraient d'une complaisance scandaleuse pour les choses grivoises. La chronique, aux abois, pénétra dans la vie privée de ces dames et nous dépeignit leur luxe, raconta leurs fêtes, célébra leurs excentricités, cita leurs mots, leur en prêta même au besoin, prit enfin un malin plaisir à les exhalter de toutes les façons, à la grande fureur de M. Guilloutet.

Il y eut, parmi celles qui étaient sorties de la boue des rues, des filles adoptées par les puissants du jour qui devinrent de véritables autorités. Les dîners du prince Napoléon dans lesquels il voulait pouvoir dire les choses qui, répétées aux Tuileries, par les échos du Palais-Royal, eussent fait plisser le front de Jupin-Bonaparte, se donnaient chez Mme de Tourbet, dont nous raconterons bientôt l'histoire; cette dame, devenue courtisane officielle, s'était fait ce qui s'appelle : un salon.

Généraux, sénateurs, ministres même, se réunissaient chez elle. M. de Girardin était un de ses familiers, et l'intègre Sainte-Beuve ne dédaignait pas de venir poser ses lèvres sensuelles sur ses petites pattes blanches.

Les mœurs, du reste, étaient si relâchées, que des milieux aussi singuliers que celui dont je viens de parler n'excitaient nul étonnement, ne faisaient naître aucune protestation.

La politique impériale était ravie de cet état des choses, car elle savait bien que la corruption était un opium pour les masses, et que, protégée par l'indolence du peuple, elle pourrait opérer à loisir, sur la plus grande échelle possible, toutes les infâmies qui feront du règne de Napoléon III, l'époque la plus honteuse et la plus regrettable de notre histoire.

La dépravation suivait deux courants. Des ruisseaux, elle

montait vers les castes les plus élevées, et de celles-ci, descendait vers la boue du macadam. Les grandes dames connaissaient les filles, et les filles connaissaient les grandes dames. Pour un rien on se fût dit bonjour, et n'eût été un suprême et dernier respect de soi-même, on eût fusionné.

Le Bois et le théâtre, terrains neutres, sur lesquels le vrai et le demi-monde se coudoyaient quotidiennement, préoccupés des mêmes intérêts, soumis aux mêmes lois, en proie aux mêmes caprices, avaient produit, par ce rapprochement bizarre, incessant, une sorte de promiscuité qui menaçait d'être, pour le vrai monde, la tunique de Déjanire.

L'opérette vint brocher sur le tout.

Nous n'ignorons pas que les grands esprits prétendent que les arts ont généralement sur les mœurs une influence directe, et qu'il suffit d'analyser les productions d'une époque pour la toiser moralement ; nous ne contesterons nullement ce principe, mais nous lui en opposerons un autre dont la justesse ne peut également être contestée par personne : c'est que s'il est vrai que l'art parfois influe sur les coutumes d'un peuple, souvent la direction qu'il prend résulte de l'état des esprits.

Offenbach et Hervé étaient bien les musiciens de l'empire ; en adoptant le genre qui fit leur célébrité, ils surent, ainsi que leurs librettistes, se faire une idée exacte de l'état moral et du goût public qui devait en résulter.

L'opérette fut une des conséquences de la décadence, et

l'on doit sourire lorsqu'on entend prétendre qu'elle fut une de ses causes. A la société légère qui fit de Paris un immense lupanar, il fallait des flonflons et des chants idiots faciles à retenir : marseillaises des cabinets particuliers et des orgies sans fin.

Les chansons de Thérésa furent également une pâture exquise pour les biches et les petits crevés; les Parisiens de la décadence étaient fous de la *Gardeuse d'ours* et du *Sapeur*.

Les grandes dames imitaient la chanteuse populaire, et une ambassadrice, cocodette entre toutes, ne dédaigna même pas de faire venir Thérésa chez elle, afin de fêter la diva des Champs-Élysées.

Les loups ne se mangent pas entre eux, mais s'aiment entre eux. A de pareilles femelles il fallait des mâles, dignes d'elles.

Elles en ont trouvé.

Cocodès, prédécesseur de Petit-Crevé I, roi des abrutis, leur a, de tout temps, élevé des autels, et son encens, pris chez Lubin, a brûlé pour ces dames.

Nous les avons vus sur le boulevard, au Bois, partout où se trouvaient les courtisanes, ces beaux fils, vieillards de vingt ans, à la raie au milieu du front, au monocle dans l'œil, au gilet en cœur, pâles, sceptiques, grossiers, imitant les comiques et rabâchant, sur tous les tons, les mots idiots des farces de tréteaux, que certain public acclamait; nous avons été attristés par l'attitude de ces sybarites parisiens qui passaient leurs nuits au cabaret — genre régence — ou dans les tripots. Leur science était mince, leur activité éteinte; ils représentaient d'une manière saisissante les énervés par le bonapartisme. Et quel était leur cynisme, quelle grandeur de manque de respect pour tout ce qui nous est sacré, ne professaient-ils pas! C'était écœurant. Que de fois ces beaux fils passèrent-ils à côté de leurs sœurs, à côté de leur mère, haut le front, presque fiers de traîner une célébrité du monde interlope, à leur bras.

Devenir l'amant de telle ou telle fille, en renom, était l'idéal du petit crevé; triompher des exigences vénales des Aspasies idiotes, qui traînaient partout leur bêtise et leur impudence, était pour lui une suprême victoire.

Aujourd'hui la mobile les a réhabilités, et leur régénération commence.

Il fut un terrain bien curieux pour le spectateur qui traversa cette foule singulière, qu'on désignait par ces deux mots : *Tout-Paris;* ce fut le pesage des courses de Longchamps. Là vraiment la fusion des deux castes était flagrante, ayant ces petits messieurs pour trait d'union. On quittait Gredinette pour aller saluer la Duchesse, et on abandonnait celle-ci pour aller s'accouder devant la tribune où paradait Tata. Les femmes honnêtes, les autres, celles qui étaient connues pour leurs vertus et celles qui l'étaient pour leurs vices, les cocodettes, les courtisanes du monde et celles du ruisseau, toutes les catégories, enfin, venaient étaler là les inventions les plus nouvelles de Worth et de Gagelin, les couturiers fameux.

Disons un mot de cette invention moderne, de perfectionnement imprévu, qui fit naître le couturier au détriment de la couturière. Il semble d'abord qu'il y ait une anomalie immense dans l'adoption des hommes chargés de la toilette des femmes, et cependant, en y réfléchissant bien, on doit conclure, qu'en somme, rien n'est plus logique dans l'état où se trouvaient les mœurs impériales.

Il est évident que plus les mœurs d'un peuple sont corrompues, plus les fonctions de la toilette changent de but. Les femmes ne s'habillent plus pour se vêtir, mais pour plaire, exciter; données par les courtisanes qui mettaient un art véritable à faire ressortir tous leurs avantages, les modes n'étaient plus que des combinaisons flatteuses au point de vue du physique de celles qui les portaient, des plans de campagne ne reculant devant rien, ayant le couturier pour chef de corps et l'émailleuse pour avant-garde; or, à ce point de vue, qui pouvait mieux combiner les effets à réaliser comme les moyens de les atteindre, si ce n'était une classe d'individus pris dans le sexe même qu'on voulait séduire, *épater*, enivrer?

De là le couturier.

Ah! disons-le, c'était un grand personnage. Il pouvait tout, ce potentat des destinées de nos élégantes. Son imagination, du reste, était des plus fécondes. Un bal à la marine, où les costumes les plus étranges et les plus luxueux permettaient à ces dames de montrer, au moins une fois par an, non pas ce que les Filles du lac exhibaient au Bois aux gandins, mais ce que les filles de théâtre montraient chaque soir à nos vieux libertins et aux petits crevés, était pour le couturier une affaire d'État. Il trouvait des choses insensées, dont le décolleté faisait tout le prix ; il habillait ses clientes en *neige*, en *rayon d'espoir*, en *rayon d'amour*, le mot n'y faisait rien, le prix du costume et son écourté, tout. Et la chronique dont nous avons déjà parlé s'extasiait devant les splendeurs du bras de Mme la Comtesse, la finesse des attaches de Mme la Marquise, la gorge d'albâtre de la petite Baronne, et vantait les faux mollets de la Duchesse qui, effrontément, s'était mise en chaste Diane.

Singulier milieu que cette cour de France, où la plupart des femmes qui y figuraient étaient plus connues par leurs escapades que par le nom qu'elles portaient.

Dans ce tourbillon, quels éléments vivaces pouvaient rester à la grande nation, quelle virilité pouvait ne pas s'éteindre, atrophiée par un énervement qui avait une action générale et puissante? Le *Mané Thecel Pharès* manqua à tous ces modernes Balthazars, qui, ivres du présent, se fiant au passé, songeant qu'à satisfaire leurs passions, n'ayant qu'un but : le plaisir, qu'un désir : se livrer à toutes les folies.

Quand la démoralisation s'empare d'une nation, c'est la femme qui l'accomplit surtout, c'est la femme qui, n'étant plus ni épouse, ni mère, mais une créature vénale, dévergondée, sans honte et sans pudeur, n'est plus ni l'espoir, ni la consolation, ni le but. C'est la femme qui, n'étant plus tout cela, n'apporte plus dans la vie de tous une force véritable ; c'est la femme qui retombe et entraîne tout avec elle.

L'homme s'agite, la femme le mène !

Moraliser la femme, c'est créer la société ; car moraliser la femme, c'est faire la mère, et les bonnes mères font les vrais hommes, les patriotes, les citoyens des peuples forts, les membres des sociétés bien constituées, que rien ne peut faire disparaître, dont rien ne peut compromettre le sort.

On se souvient du désastre de l'*Evening Star*, ce bâtiment qui transportait à son bord plus de soixante filles publiques exilées. Au milieu de la traversée, les matelots rêvèrent de se livrer à une orgie homérique. Les chefs se mirent de la partie, on garrotta les moins résolus ; puis, maîtres du navire, capitaines, lieutenants, matelots se ruèrent sur les prostituées, les tonneaux furent défoncés, le vin, l'eau-de-vie, coulèrent à flots, et l'orgie titanesque, horrible, formidable, sans nom, commença aux yeux des passagers, impuissants à y mettre obstacle. Cela dura plus d'un jour; puis l'orage vint, il éclata, on comprit le danger; mais ceux qui pouvaient le conjurer étaient ivres d'alcool et de luxure; les machines abandonnées s'arrêtèrent; le navire ballotté s'en alla à la dérive; un immense craquement se fit entendre, l'eau pénétra dans le vaisseau et enfin la vague vengeresse engloutit l'*Evening Star* et son infâme équipage.

Ce désastre n'est-il pas comparable à celui de la France, sombrant victime de l'orgie impériale?

Cela dit, ouvrons la galerie des

COURTISANES DU SECOND EMPIRE.

MARGUERITE BELLANGER.

Tout le monde a lu les lettres de Marguerite Bellanger à son « cher seigneur, » lettres dont nous donnons les *fac-simile*. Or de la teneur de ces lettres il résulte pour tout monde ce fait, dégagé à dessein de toute appréciation, que celui qu'on appela Sa Majesté Napoléon III, celui que les Parisiens appellent simplement « ce Monsieur » depuis le 4 septembre, aurait eu un enfant de ses amours avec une fille entretenue.

Qu'il y ait ou non importance à cela, ce n'est pas notre

affaire, aujourd'hui. Les commentaires abondent sur le fait en lui-même.

Signe du temps, pour les uns. Pour les autres : trait caractéristique de cette cour improvisée de parvenus, d'aventuriers et de femmes légères. En tous cas, le scandale y est plein, complet, attrayant, comme tout ce qui est scandaleux. Pensez donc : un empereur se faisant berner, coiffer, moquer par une fillette que tout le Jockey avait eue; c'est charmant, et c'est bien du domaine des mœurs du second empire. La voyez-vous, cette Majesté impériale filant aux pieds de cette courtisane, pendant que divers Arthurs attendent le départ du monarque pour ripailler avec la belle, grâce aux écus du Sire impérial. C'est parfait.

Et pourtant, à y porter attention, cela ne vous semble-t-il pas un peu bien simple, pour de tels personnages? Quoi! une intrigue vulgaire, et voilà tout? Ce qui pourrait arriver au premier entreteneur venu? Quoi! Devienne, Mocquart, Fleury, Morny se seraient concertés tout bonnement pour qu'une fille fût à la disposition de leur maître! Enfin, comment admettre une si pâle intrigue, de la part de gens réputés si retors?

Non. Il y a autre chose là-dessous, sans doute; une de ces belles et bonnes combinaisons à l'enchevêtrement desquelles ces honnêtes gens étaient passés maîtres. Voyez-vous pas la grande affaire pour eux que de procurer des rendez-vous à ces tourtereaux! Piétri eût largement suffi à la besogne. A lui seul, Mocquart s'en fût tiré; Mocquart ou Fleury qui avait fait ses preuves en ce genre de services impériaux. Encore une fois, non. Sous cette banale histoire, jetée en pâture à la malignité publique, et combinée peut-être pour calmer la jalousie d'une épouse qui, avouons-le, devait avoir du temps à perdre pour être jalouse de son « bien cher Louis, » il faut, de toute nécessité, qu'il y ait d'autres intérêts, d'autres masques.

Et si Marguerite Bellanger n'était dans tout cela qu'un simple paravent? Si derrière cette fille quelque drame compliqué se dérobait?

Vous disiez : « c'est parfait! » tout à l'heure; que diriez-vous maintenant?

Eh bien, si vous voulez savoir la vérité vraie, et toute la vérité, lisez ce qui suit.

Notre situation d'historien véridique nous permet de dire, sans immodestie, que toute cette histoire est aussi *charpentée* qu'un roman de Balzac. Amour, police, pots de vin, entorses légales, rien n'y manque, et vous ne perdrez pas votre temps à lire la simple et laconique narration de faits encore ignorés en province et à l'étranger, mais définitivement vérifiés à Paris.

Ajoutons que des renseignements personnels nous mettent à même d'assurer l'exactitude scrupuleuse de cette histoire. Par ses antécédents, Marguerite Bellanger était connue de trop de jeunes gens pour qu'elle ait pu garder tout le secret dont elle était dépositaire, à beaux deniers comptant. Plus d'une fois, fatiguée de l'existence officielle qui lui était faite par sa complicité, elle a fait l'école buissonnière, revenant à d'anciens *amis* durant les courts congés qu'elle s'accordait. Et, malgré la surveillance du préfet de police, plus d'une indiscrétion lui a échappé, entre deux spasmes de plaisir.

Donc l'histoire, la voici :

L'ENTOURAGE DU MAITRE.

A cette époque, la France était en pleine prospérité. Napoléon III régnait et Rouher était son ministre. Les hautes classes mangeaient à leur appétit, même au delà, et les pauvres avaient la décence de crever de faim dans l'ombre, afin de ne pas incommoder les honnêtes gens. Parfois quelque malheureux élevait bien la voix, mais les mouchards y mettaient bon ordre, et le *Constitutionnel*, la *Patrie*, le *Pays* et quelques autres feuilles infiniment honorables disaient que tout était pour le mieux dans le meilleur des mondes.

De quoi se fût-on plaint, du reste? La rente faisait 71, les curés engraissaient, Rouher faisait des discours, Baroche stylait les magistrats, Morny trafiquait à la Bourse, Mocquart dirigeait les journaux et Fleury s'occupait de *remonte* en tous genres.

On était vraiment bien heureux!

A cette époque, une opposition, bonne fille, amusait le tapis par de petites taquineries qui fournissaient à chaque séance un beau succès aux orateurs du gouvernement.

C'était le paradis sur terre!

Aussi le monde officiel s'en donnait-il à cœur joie. Dîners, *raouts*, bals, pour fêter tous les saints du calendrier. Et quelle belle société dans les ministères, dans les ambassades et aux Tuileries! Les femmes, surtout, les femmes y paraissaient splendides, et bien qu'elles montrassent le plus possible de leurs aimables personnes, tout s'y passait si décemment qu'on y jouait aux *petit papiers*; amusement des familles qui remplace l'*oie* vraiment par trop vieille.

Or, parmi tant de belles personnes, il s'en trouvait parfois que le maître distinguait. Grand honneur! Et puis grand profit probable, si la dame avait un mari. Mais à défaut de mari, ces dames-là ne manquaient ni de frères, ni d'oncles, ni de cousins; il y avait toujours moyen de s'entendre.

Eh! ne faites pas la grimace : plaire à son so ain n'est

pas à dédaigner; d'autant qu'il y a fagot et fagot, souverain et souverain. Celui-ci n'était-il pas d'un prestige étourdissant? On se fût livrée à lui « pour l'honneur! » Cela valait un peu mieux, il est vrai. Et puis, je le répète, tout se passait fort décemment; c'est Mocquart qui s'entremettait. Un brave homme délicat au possible, pour négocier sur certains points. Il fallait lui dire merci de l'argent dont il vous graissait la patte, tant il vous le glissait honnêtement dans la poche, et si scrupuleux, si intègre, que c'est à peine s'il lui en restait quelque peu dans les doigts.

Fleury n'était pas content, à vrai dire. Il lui reprochait de gâter le métier, comme dit le vulgaire. Mais la délicatesse est dans le sang, et Mocquart en apportait si bien dans tout ce qu'il faisait, qu'on le soupçonnait, à la cour, d'y mettre de l'affectation.

Cependant tout cela était bien ordinaire. Honorer de bontés souveraines la femme d'un ministre, d'un général, d'un ami, cela se voit partout et tous les jours. On n'y a jamais que des *dames*, et le maître assez souvent soupirait. « Cœur qui soupire n'a pas ce qu'il désire, » dit le proverbe. En effet, si haut qu'il eût escaladé, et si bas qu'il eût croulé, jamais il n'avait rencontré cette bonne fortune, assez ordinaire pour le commun des mortels, de s'insinuer le premier dans le cœur d'une femme. Voilà ce qui le tourmentait.

— « Comment, disait-il parfois, le moindre de mes sujets a pu, avec ou sans l'agrément de son maître, cueillir le premier baiser d'une vierge, et moi... pas une pauvre fois! »

L'entourage en devenait triste. Les dames des fonctionnaires s'excusaient, disant qu'en dépit de la meilleure volonté du monde, il ne leur était vraiment pas possible de fournir ce qu'on désirait. Et, de leur côté, leurs maris s'évertuaient, afin que le souverain sût bien que, dans l'impossibilité où se trouvaient leurs femmes, il n'y avait rien de leur faute.

Persigny n'y comprenait rien. Fidèle et dévoué comme on sait, ce qui ne lui a pas fait faire de mauvaises affaires, il n'admettait pas qu'on trouvât quelque obstacle que ce fût aux caprices de Sa Majesté.

— « N'avons-nous plus Nanterre? » répétait-il.

Mais on avait peine à lui faire comprendre qu'il fallait un peu mieux que cela.

Tout à coup l'horizon s'éclaircit. Un des plus hauts fonctionnaires fut signalé comme ayant, par miracle, de quoi ramener la paix dans l'âme du patron de la bande. Deux filles! cet homme avait deux filles. Précisons : deux filles légitimes, car, en dehors de celles-là, il en avait encore bien d'autres dont il ne s'avouait que le parrain.

Mais deux filles, ce n'est pas le tout. On s'enquit, et l'on eut la joie d'apprendre qu'elles étaient si jeunes encore que l'espérance de trouver chez elles ce qu'on cherchait était permise, à tout le moins pour la cadette, qui avait à peine quinze ans.

Restait un point. Cet homme, ce père, était-il dévoué à l'État; mais là, dévoué, ce qui s'appelle dévoué, au point de se prêter à ce dont il était question? Grave problème qu'il fallait résoudre en douceur. Écoutez donc aussi, c'était un très-grand personnage, sorte de dictateur dans son département, et si bien, qu'à peu près seul dans tout l'Empire, il pouvait tailler, rogner, raser, édifier, traiter, compromettre, sans que personne eût le droit d'y mettre le nez.

Sans doute, il eût été bien surprenant qu'étant de la boutique, il fût d'un rigorisme insurmontable. Et pourtant, il y a partout des originaux. Je connais des banqueroutiers frauduleux qui n'auraient pas trafiqué de leur femme. Celui-ci consentirait-il?

Pour en avoir le cœur net, le conseil s'assembla. On discuta à perte de vue, et, contre l'avis de Canrobert qui voulait qu'on brulât les poudres, il fut convenu qu'on tâterait le bonhomme diplomatiquement.

Cependant, nouvel embarras : — « Qui charger de la commission?» On faillit choisir Benedetti, quand une circonstance vint fortuitement soulager l'esprit des conseillers.

Un bal intime était donné chez l'Impératrice, et, dès qu'il l'apprit, le haut fonctionnaire, de lui-même, demanda la faveur de présenter ses filles à Leurs Majestés.

On s'était vraiment donné trop de peine. Fin diplomate lui-même, notre homme avait tout deviné, et du meilleur cœur de la terre il venait dire à son maître :

« Choisissez !... »

DOUX MOMENT.

O Muses ! accordez les cordes de la lyre, et que les bardes improvisent des chants pour célébrer ce doux moment !

Belmontet va cueillir les fleurs de l'Arabie, Ponsard a des regrets dans son tombeau. Mais Auber, Poniatowski et Jules Cohen ont des splendeurs d'harmonie à répandre dans l'air embaumé que respire le doux vainqueur.

Vainqueur ! ah ! c'est bien là le nom qui lui convient pour un pareil exploit. On se l'imagine, on le voit, fascinant sa digne conquête, et le père se frottant les mains, au regret seulement de n'avoir pas fait double fourniture.

C'est beau le dévouement!

« Je laisse à penser la vie
» Que firent les deux amis. »

MARGOT.

Vers le même temps, il y avait à Paris une charmante fille qu'on appelait Margot.

C'était une petite femme aux cheveux châtain clair, à l'œil souriant, à la mine aimable; pour de la beauté, elle n'en avait point; mais elle avait mieux : elle était gentille, jolie et douée de physionomie.

De taille au-dessous de la moyenne, elle avait des formes gracieusement arrondies. Le torse était souple, la poitrine bien, et ce n'étaient que ses intimes qui eussent pu lui reprocher d'avoir les chevilles un peu lourdes et le pied laid à voir à nu.

Au moral, une créature adorable. Intelligente et gaie, spirituelle par accès, quand elle s'abandonnait à sa nature, ce qui lui arrivait fréquemment entre amis, c'était un compagnon agréable, bien supérieur à tous égards aux femmes qu'elle hantait : Catinette, Zélia Ducellier, Caroline Ashé, Barucci, De Tourbet et tant d'autres. Elle avait des côtés enfants pleins de grâce, et je n'ai jamais vu personne rire à si belles dents d'une malice délicate ou d'une grosse bêtise.

Elle habitait alors, boulevard des Capucines, au cinquième, dans la maison du restaurateur Hill's. Si vous passez par là, levez les yeux jusqu'au balcon, vous y verrez encore une sorte de petit bosquet qu'elle fit faire sur la terrasse, devant la fenêtre de sa chambre à coucher, et que, durant l'été, elle emplissait de fleurs.

Jamais courtisane ne fut moins *fille de marbre* que celle-ci, et *Dame aux camélias* moins encore. C'était, ni plus ni moins, une charmante fille, surtout affable.

Sa vie, c'était la vie de ces femmes dont la rue est le foyer. Elle se levait passé midi, déjeunait sur le pouce de quelque plat vulgaire et paressait sur ses causeuses jusqu'après quatre heures du soir, encore en peignoir, encore en matin, les pieds nus le plus souvent. A cette heure-là, elle sortait. Un petit panier, qu'elle conduisait en folle, la menait au bois; elle y rencontrait des hommes de connaissance. On s'entendait pour dîner ensemble chez Voisin ou chez Durand, puis à neuf heures on allait au théâtre, ou danser le cotillon chez Cellarius, après quoi elle s'en revenait au Café anglais, seule ou en compagnie, et elle restait là jusqu'à la fin de la nuit.

Ce n'était certainement pas une existence brillante, ni bien amusante; mais Margot était ce qu'on appelait alors « une femme chique, » et les femmes chiques ne vivant pas d'autre façon, Margot vivait de cette façon-là.

Ce qu'on peut assurer de la manière la plus formelle, c'est qu'elle était à cent lieues de se douter du genre de célébrité qui l'attendait, et qu'elle n'avait aucune de ces ambitions qui sont communes aux femmes habiles. Point du tout. Elle vivait ainsi faute de pouvoir vivre autrement, ne se plaisant ni ne se déplaisant à cette sorte de train-train que, dans son idée, elle était appelée à mener jusqu'à la maturité. Alors qu'eût-elle fait? Elle n'y pensait seulement pas. Elle avait vingt-deux ans à peine et ne regardait pas si loin en avant. Il est vrai qu'elle n'avait pas à s'inquiéter de l'avenir. L'un de ses premiers amants, on ne sait qui, quelque Turc, disait-on, lui avait constitué une espèce de patrimoine qu'il lui était impossible de dissiper.

« Après nous, la fin du monde! »

Voilà ce qu'elle pensait assurément.

La philosophie est de tous les âges et de toutes les conditions; celle-ci, somme toute, est d'une grande simplicité, ce qui fait qu'en haut, même, de l'échelle sociale, beaucoup de gens n'en ont pas d'autre.

ENTRÉE DE JEU.

Un jour, vers trois heures, on sonna chez elle. La femme de chambre lui apporta une carte sur laquelle était gravé le nom d'un de ces officiers supérieurs qui font leur chemin dans les antichambres. Elle le connaissait un peu, pour avoir soupé avec lui, en compagnie nombreuse.

A ce moment, détail vulgaire peut-être, mais précis, elle était en négligé et faisait avec son coiffeur une partie de cartes qui la passionnait. Elle fut tentée d'éconduire le visiteur. Et puis, on ne sait pourquoi, elle se ravisa tout à coup.

— Faites-le entrer, dit-elle.

Et, sans se déranger, en tournant à peine la tête, elle reçut le nouveau venu qui s'assit, alluma un cigare et, comme eût fait un intime, lui donna des conseils qui lui firent gagner la partie. Le coiffeur la peigna ensuite, puis, enfin, restés seuls tous deux, elle dit à l'officier avec une petite mutinerie qui était l'un de ses charmes :

— Au fait, qu'est-ce que vous me voulez?

— Vous prier de dîner avec moi, voilà tout.

Margot se prit à rire. Dans ce monde spécial, demander à une femme de dîner avec elle équivaut à la déclaration la plus tendre. Sans doute, il est bon d'en être averti, car l'un ne ressemble guère à l'autre; mais, en somme, c'est ainsi, et nous n'y pouvons rien.

Quand elle eut ri, Margot s'approcha de l'officier, et s'asseyant à ses côtés :

— Mon cher, lui dit-elle, vous tombez mal. Il y a un an, j'ai fait la folie d'aimer pour de bon, un pauvre garçon qui s'était ruiné. C'est tout le bout du monde s'il lui restait quatre mille francs. Pour vivre avec moi, il a fait des prodiges : dînant chez la crémière, déjeunant d'une tablette de chocolat et d'un verre d'eau. Les quatre mille francs durèrent huit mois. Quand il n'en resta plus que cinq louis, il vint me dire adieu. Le malheureux s'engagea en Afrique, et le mois passé, dans une expédition, il est mort. Peut-être me direz-vous : « Qu'est-ce que ça me fait? » reprit Margot. Mais si vous êtes un garçon de quelque délicatesse, vous comprendrez que je porte, à ma manière, le deuil de ce garçon. Je ne veux prendre personne avant longtemps. Donc, venez me voir si vous voulez ; mais...

L'officier ne la laissa pas achever.

— Ma chère enfant, lui dit-il, je savais très-exactement cette histoire et je ne suis pas du tout amoureux de vous ;

ne craignez donc pas que je vous ennuie, en vous faisant la cour. Vous êtes libre ce soir, je vous prie de dîner avec moi, qui réunis quelques amis d'autre part; le dîner fini, tout sera dit, voulez-vous?

— Soit. Faut-il m'habiller?

— Non. Une toilette simple; si le cœur vous en disait, nous irions ensuite entendre de la musique au Théâtre Lyrique.

Margot dîna avec des personnes qu'elle n'avait jamais vues, toutes du sexe masculin. Parmi ces inconnus, un vieillard, guilleret, se fit connaître. C'était celui que d'Ennery appelait « le père Mocquart. »

Une ou deux fois, celui-ci vint la voir avec l'officier supérieur. On disait des bêtises, on causait. Le vieux avait mené la vie de bohême, traîné dans les coulisses, à l'imprimerie; il avait cette sorte d'esprit qui consiste à se souvenir à propos de ce qu'on a entendu dire à des célébrités.

Margot, en enfant qu'elle était, le questionnait souvent sur celui dont il était le secrétaire intime, « l'Empereur! » Comment était-il? que faisait-il? Pour elle, un souverain, un monarque, quel qu'il fût d'ailleurs, lui semblait le Grand Lama!

Mocquart lui dit un jour :

— Je vous le ferai voir.

— Allons donc!

— Je vous ferai causer avec lui.

— Quand?

Mocquart fixa un jour assez proche et lui dit de venir ce jour-là déjeuner chez lui, dans un petit hôtel qu'il avait à Montretout, hôtel acheté, disait-il, avec ses droits d'auteur.

Là était sa faiblesse. Cet homme, dont l'intelligence égalait la vertu, était affligé de la rage de se croire un écrivain, non un Molière, mais un Shakspeare peut-être, ou pour le moins un d'Ennery. Qu'en était-il de cette prétention? Victor Séjour pourrait le dire. Ce qu'on en sait, c'est qu'Hostein y attrapa la croix. Au demeurant, travers inoffensif, et plût au ciel qu'on n'eût à lui reprocher que ses élucubrations dramatiques! ou même la décoration d'Hostein.

LA CROIX D'HOSTEIN.

Marc Fournier, après avoir joué la *Tireuse de Cartes* du même Mocquart, voulut obtenir le même ruban que son confrère de la Gaîté.

N'y avait-il pas tous les droits aussi?

Mocquart présenta sa requête à Bonaparte.

— Il m'a joué, Sire.

— C'est que la croix d'Hostein a déjà beaucoup fait crier.

— Majesté, je vous en supplie.

— Eh bien, soit, je veux bien donner la croix à M. Fournier, mais à la condition qu'Hostein lui donnera la sienne. »

LA PETITE MAISON DE MOCQUART.

Margot se garda bien de manquer au rendez-vous. Avant l'heure, elle arrivait, jolie à croquer, et mise si simplement que le vieux routier augura bien de la belle.

Le chalet que possédait Mocquart n'était pas sans raison situé à Montretout. Il y avait là-dessous ce qu'on appelle « de la raison d'État. » Mot magique qui dit tout sans rien expliquer, et après lequel force est de se déclarer satisfait comme un candidat officiel. La raison d'État voulait que l'habitation de plaisance du secrétaire fût à portée de la résidence du maître. Et, en effet, le jardin du chalet Mocquart était mitoyen avec le parc réservé de Saint-Cloud. La raison d'État voulait encore qu'une porte assez bien dissimulée de chaque côté donnât accès du parc dans le jardin et réciproquement. La raison d'État voulait enfin qu'un fil télégraphique reliât la résidence de l'un au chalet de l'autre. On ne s'imagine pas tout ce que veut, tout ce qu'exige la raison d'État, sous un bon et digne gouvernement. Et ne croyez pas que la raison d'État soit spéciale à la France. Allez voir en Italie, en Espagne, en Allemagne, en Russie, surtout en Turquie, vous vous convaincrez que la raison d'État est très-répandue. Il n'y a guère qu'en Suisse et en Amérique que les exigences de la raison d'État soient fort limitées. En Angleterre encore, la raison d'État est de peu d'importance; mais la reine est si vieille! Et, quant à notre beau pays de Belgique, s'il en est à peu près de même, ce n'est pas la faute des cléricaux.

Le déjeuner servi à Marguerite, si recherché qu'il fût, ne stimula guère son appétit. L'émotion lui faisait trop battre le cœur. Le voir! l'entendre! lui parler! voilà les seules pensées qui la possédaient.

Cependant son espérance fut trompée: Jupiter ne parut pas. La pauvrette en resta désolée.

— Quelque discussion prolongée au conseil, lui dit Mocquart. Mais c'est partie remise, et je tiendrai la promesse que je vous ai faite, je vous en donne ma parole d'honneur. (Il disait ces choses-là avec un accent de conviction profonde. Ah! c'était un fier homme!)

Est-ce donc qu'en effet un empêchement était survenu? Pas du tout, mais Mocquart était un vieux renard, et, comme il attendait beaucoup de cette femme, il voulait être absolument sûr d'elle et de sa discrétion. L'Empereur ne savait même pas qu'on eût promis de le montrer. Peut-être même n'était-il pas à Saint-Cloud ce jour-là. Avant d'aller plus loin, il fallait prendre ses précautions, et le vieux Mocquart s'était dit :

— « Voyons si, par vanité, par jeunesse ou autrement, elle dira qu'elle est en situation d'aborder notre sire. »

Et la police s'était mise aux écoutes.

Eh bien, non! Margot ne parla à personne ni de la promesse qui lui avait été faite, ni de la déconvenue qui s'ensuivit. Telle qu'elle était, elle ne valait pas grand'chose, sans doute ; mais elle avait cette supériorité relative de savoir ce qu'elle était, et de se tenir à sa place dans l'attitude convenable. Il lui eût paru *inconvenant*, de sa part, de se donner les gants d'approcher un être que toute la France appelait Votre Majesté, et que les rois traitaient de « mon bon frère et ami. »

Cependant il était de notoriété publique que d'autres femmes valant précisément autant qu'elle avaient approché cette Majesté. N'importe! Elle sentait son humilité et ne voulait pas s'en départir; la police s'en portait garant.

Pour le coup, Mocquart se frotta les mains. Il avait trouvé son affaire. L'officier supérieur qui lui avait indiqué Margot pouvait dormir tranquille; au premier 15 août, on lui montrerait bien qu'on n'était pas ingrat.

On ne l'oublia pas, effectivement, et, si nos souvenirs sont exacts, ce brave-là avait un commandement d'importance au début de la guerre.

Il est à présent en Angleterre, auprès de l'Impératrice-Régente, mais, malgré la considération dont elle l'honore, il a bien de la tristesse dans l'âme, et c'est par impérieux besoin de s'en distraire qu'il mène une vie d'enragé avec tout ce qu'il y a de femmes faciles à Londres. Si jamais vous le rencontrez, croyez-moi, ne lui parlez pas de la république; il vous couperait les oreilles.

LA RÉHABILITATION.

Désormais décidé à se servir de cette fille, Mocquart la traita sur un autre pied. Jusqu'alors, il s'était borné à lui parler de l'Empereur avec une circonspection voulue. Peu à peu, il s'ouvrit davantage, pour en venir, à la fin, à des demi-confidences d'un ordre particulier.

— Voyez-vous, lui disait-il, l'Empereur n'est pas ce qu'on

croit. Le commun n'aperçoit que le personnage officiel. Il le voit trônant, resplendissant de gloire et de bonheur. Hélas! il en est tout autrement. D'une intelligence bien supérieure à son entourage, qui l'exploite et ne voit en lui qu'un maître dont la faveur procure de plus ou moins importants bénéfices, il lit dans l'âme de chacun. Il sent bien qu'il n'est pas aimé de tous ces empressés, de tous ces dévoués, et, pour moi, qui puis entrer chez lui à tout moment, c'est un homme très-malheureux. Malgré tout, malgré le prestige qui l'environne, malgré l'éclat de cette cour où les grands noms ne manquent pas, il apprécie très-exactement sa situation. Lui seul croit à cet empire qu'il a fait par son énergie. Ses intimes eux-mêmes n'ont pas confiance, sa famille la première semble redouter une débâcle possible. La preuve en est que tous placent à l'étranger les sommes fabuleuses qu'ils tirent de son excessive bonté. Il n'y a pas jusqu'aux domestiques du château qui n'aient l'air de profiter en hâte d'un état de choses que le caprice de la fortune ou la logique des événements peut balayer demain matin. Si encore, dans son intérieur, il avait quelque compensation. Mais non. Sa femme... je veux dire Sa Majesté l'Impératrice, lui cause mille déplaisirs et rend difficile tout ce qu'il veut faire pour consolider le trône.

Margot écoutait tout cela la bouche ouverte, enchantée,

très-honorée d'être jugée digne d'en apprendre si long sur un si auguste personnage. A mesure, celui-ci prenait, dans son esprit, à elle, un caractère de héros archi-intéressant. Peu s'en fallait qu'elle n'en fît une sorte de Lara, ou de Richard-Cœur-de-Lion, dont il lui aurait plu d'être le Blondel féminin.

Et Mocquart, l'esprit tendu aux réflexions qui lui échappaient parfois, suivait les progrès de la poétisation qu'il voulait amener dans les idées de la jeune femme.

On l'a dit, il avait, au temps de la vache enragée, gagné sa maigre vie à écrire. Et c'est lui qui fonda cette publication dont les Garnier frères ont fait une affaire d'or : *les Causes célèbres*. Malgré lui, rien qu'en triturant la matière, il avait appris quelle est la puissance d'aveuglement qu'on obtient de certaines âmes naturellement candides, en leur faisant envier le rôle d'ange consolateur d'un homme illustre, accablé de sa propre gloire et isolé au sein de sa splendeur. Qu'elle paraît diaphane l'Odette de Charles VI! qu'il est charmant le Rizzio de Marie Stuart! qu'ils sont beaux tous ces êtres dont les poètes et les romanciers se sont emparés et qu'ils ont poétisés, en dépit de l'histoire et sans le moindre respect de la vérité! Laissez faire! Nos arrière-neveux s'extasieront certainement sur le *Marfori* qu'ils inventeront pour les besoins de quelque roman *historique* à la façon des Dumas, des de Vigny, et autres Casimir Delavigne.

Ainsi cet empereur « l'Empereur! » Napoléon III, l'élu

de décembre, le neveu du grand homme, le vainqueur de la Russie et de l'Autriche, l'arbitre des destinées de la France, il était malheureux! Margot n'en revenait pas. Et, chez elle, elle lisait tout ce qu'on pouvait lui fournir sur la vie intime de certains rois notoirement connus pour avoir été accablés de la majesté souveraine. Louis XIII l'occupait beaucoup.

Tout cela était dans le plan de Mocquart et, après tout, n'était pas mal combiné, ni mal conduit. Il la mit ainsi au point de se croire capable d'une *mission!*

ELLE LE VOIT.

Quand Mocquart fut certain de son fait, il renouvela son invitation à déjeuner au chalet de Montretout, et cette fois il tint parole.

Au moment où l'on prenait le café, une porte s'ouvrit et Margot, rougissante, profondément émue, vit entrer, la cigarette à la bouche, le héros fantastique, dont sa tête était occupée depuis plus d'un mois.

A cette époque, Napoléon, très-soigné de sa personne, ne

paraissait pas être un vieillard. Loin de là. Certes, il n'avait rien en lui de jeune ou de fringant ; mais il offrait l'aspect d'un homme en pleine maturité. N'eût-il été que le premier venu, une femme de la classe à laquelle appartenait Margot s'en fût accommodée sans scrupule, j'entends eût consenti à l'avouer pour son protecteur, sans humiliation, pourvu qu'il eût été fort riche et principalement généreux.

Ce matin-là, il était en costume de ville, coiffé d'un chapeau dit melon. Malgré le négligé de la mise, Margot, très-troublée, ne vit que le monarque.

D'un mouvement instinctif, elle se leva à l'entrée de l'Empereur et se tint immobile, les yeux baissés.

— Asseyez-vous, Mademoiselle, lui dit celui-ci, et continuez de prendre votre café ; je désire ne pas troubler l'hospitalité que vous offre M. Mocquart.

Elle en rêva ! Il y avait de quoi assurément. Tout ce qu'on lui avait mis en tête du malheur intime de cet homme lui parut désormais incontestable. Grâce à cela, tout s'expliquait : la taciturnité apparente du personnage, son excessive circonspection, les rides de son front tout aussi bien. Et qu'il devenait sublime et poétique dans l'imagination de la pauvrette !

D'autres fois, en peu de temps, elle revit le souverain dans les mêmes conditions. A chaque, un progrès se fit dans leurs relations, tout et si bien que Margot, honteuse, indignée contre elle-même, dut s'avouer pourtant qu'elle était amoureuse folle de l'Empereur !

Amoureuse de l'Empereur ! Et qui ? Elle, Marguerite Bellanger, Margot, une fille entretenue ! Une créature dont les anciennes amies disaient : « Elle fait la noce. » C'était monstrueux ; pis encore, ridicule ! Était-elle digne seulement d'être de ses servantes? Ah ! voilà, voilà ce qui lui convenait : le servir ; le servir à genoux, le front dans la poussière.

Et elle était sincère, soyez-en certain, ami lecteur. Margot, en dépit de ses mœurs, avait des candeurs adorables. Aussi Mocquart était-il triomphant. La preuve en est qu'il se dit un soir, après une longue conversation avec elle :

— « Elle est mûre ! »

COMÉDIE DE LA MATERNITÉ.

Si vous avez lu parfois la relation d'un de ces jolis crimes accompli à plusieurs coquins, crime qu'il a fallu mener de loin, préparer savamment, vous vous êtes peut-être demandé comment, avec quelles phrases, à l'aide de quels ménagements le principal brigand avait pu proposer l'affaire à certains de ses complices qui, si coupables que les déclare le tribunal, n'en ont pas moins la physionomie de véritables imbéciles.

Ces choses-là, malheureusement, restent secrètes. On sait

bien, durant les débats, que l'un a dit ceci et cela à l'autre ; mais ce qui manque, c'est le ton, c'est la nuance, c'est tout cet attirail de circonlocutions, de suspensions, de raisonnements spécieux et captieux à l'aide desquels un malin sait dorer la pilule qu'il s'agit de faire avaler.

Comment s'y prit Mocquart pour s'assurer la complicité de Margot? Que lui dit-il? On peut le supposer, pour peu surtout qu'on l'ait fréquentée, en quelque temps que ce soit de sa vie. Mais de le raconter, impossible. Il n'y avait aucun témoin, et ce récit n'étant pas un roman, nous ne nous permettrions pas de donner une forme précise à ce que nous en pensons.

Il est à croire que, lui ayant suffisamment monté la tête, il lui parla d'intérêts souverains, de considérations hors ligne, que sait-on!

Le seul point certain, c'est qu'il ne fut ni cynique, ni même *pratique*, comme on dit maintenant. Il ne lui proposa ni marché, ni canaillerie. Il était bien trop fin pour commettre semblable bévue envers une fille qui, affligée, comme le sont certaines femmes, d'une soif irraisonnée de considération, se fût sacrifiée de gaité de cœur et eût donné sa vie pour un sourire du maitre, d'un homme qu'après tout, le monde entier traitait de Majesté, et qui, à ses yeux, était un demi-dieu. Il dut bien plutôt lui faire entrevoir la palme de l'héroïsme; elle y trouva — l'imagination est si féconde en aberrations! —

cette sorte de grandeur qu'avaient les gladiateurs en saluant César avant de mourir. En un mot, elle pensa se réhabiliter d'une façon quelconque, ne fût-ce qu'aux yeux de son seigneur, en se mettant à sa merci, les yeux fermés, comme un jouet.

De ce moment, Margot ne s'appartint plus ; toutes ses actions, toutes ses paroles lui furent indiquées, comme un rôle, par le metteur en scène de la comédie qu'il s'agissait de jouer : l'aimable Mocquart, dont, je le répète, la comédie était le plus grand travers.

Brusquement, elle rompit toutes ses anciennes relations et elle quitta le boulevard des Capucines. Elle disparut totalement.

Puis, un jour, on la rencontra à pied, appuyée au bras d'une dame âgée, sa mère probablement. Et le soir, au Café anglais, celui qui l'avait rencontrée dit à Catinette et à la bande, dont jadis elle faisait partie :

— Vous ne savez pas : Margot est enceinte.

— Allons donc !

— Je l'ai vue.

De cette façon, la disparition de celle-ci se trouva expliquée.

Mais ce n'était pas tout. Enceinte, soit, mais enceinte de qui?

Mystère!

HISTOIRE D'UNE GRENOUILLE & D'UN MARQUIS.

Certains sceptiques diront infailliblement, arrivés à ce passage, que nous tournons au roman et qu'il est matériellement impossible qu'une femme puisse simuler une grossesse avec succès, jusqu'au moment définitif.

Rien de plus aisé pourtant. Bruxelles, il y a une quinzaine d'années, en a vu une preuve éclatante.

Rappelons-la en quelques mots. Les choses édifiantes sont de tous les pays... civilisés!

Il y avait à cette époque, en nos murs, une fille de théâtre qu'on appelait : *la Grenouille!* Un bien joli nom, n'est-ce pas?

Nous n'inventons rien.

La Grenouille n'était pas jolie, mais elle appartenait à cette catégorie de filles de plaisir chez lesquelles un certain entrain tient lieu de tout, à l'aide d'un bon sobriquet comme relief.

On y voit le Phoque, la Fée aux pellicules et autres monstres du vice.

Un marquis belge, fort gros et fort riche, s'amouracha de la Grenouille. Il lui meubla une petite maison passage Pérignon, et, le premier feu calmé, se laissa aller à vanter devant elle les douceurs de la paternité.

Huit jours après, la Grenouille prétendit avoir des vapeurs, l'émétique lui fournit quelques haut le cœur caractéristiques et finalement le gros marquis s'écria, les larmes aux yeux :

— Je vais être père!

La Grenouille se mit en colère, traitant le pauvre dupé d'imprudent, de maladroit, etc., etc., tout en affirmant, en effet, qu'elle ne pouvait douter de son état intéressant.

Et, dès lors, la comédie commencée prit des proportions

sérieuses. Ce fut le chef-d'œuvre de l'art, car il s'agissait de tromper non pas cet aveugle crédule qui se nomme : public, mais un seigneur tout-puissant qui pouvait surpendre sa complice partout et toujours.

Ce qu'il fallut d'audace, de mensonges, de maux inventés, de pudeurs improbables, de continences méditées, nul ne peut s'en douter, mais la Grenouille fit si bien qu'elle tint bon jusqu'au terme et finit par adopter un bébé né de la veille, moyennant une somme versée dans les mains de la véritable mère, qui avait accouché sur un lit d'hôpital.

Un bon contrat de rente et le placement d'une somme importante chez un notaire fut le prix du subterfuge.

La Grenouille avait atteint son but.

Margot devait l'imiter facilement avec un bonheur complet, d'autant plus qu'elle n'avait que des complices, et pas d'Argus intéressé, autour d'elle.

Du moment qu'on met le pied dans le gâchis, c'est une loi fatale, on enfonce. Du moment qu'on s'embarque dans une affaire louche, par la même fatalité, il nait des obligations bien étranges.

OBLIGATION DE COMPROMETTRE MARGOT.

Que pour son monde et que pour tout Paris Margot fut enceinte, c'était le mieux du monde; mais suffisait-il qu'elle le parût et que l'univers même en fût persuadé pour que le but poursuivi par Mocquart se trouvât touché? Malheureusement, non. Une obligation se levait ici : il fallait que l'enfant dont devait accoucher Margot fût le bâtard d'un « auguste personnage, » comme on dit en style officiel. De là cette résultante bizarre : obligation de *compromettre* Margot.

Compromettre une fille entretenue! La drôle d'idée! Il fallait réellement un empire tel que celui-là pour que pareille chose se vît sous la coupole des cieux. Mais, à tout prendre, si bouffe que cela soit, l'obligation n'en restait pas moins impérieuse.

Dès qu'on en fut persuadé en haut lieu, ce fut fait en un clin d'œil. Un hôtel fut acheté, monté, meublé, pourvu de chevaux, de laquais et de gens. Margot, tirée de sa retraite, y entra comme si elle y rentrait. Et tout Paris sut bientôt que l'ex-Margot, désormais Marguerite Bellanger seulement, portait dans ses flancs le rejeton d'un des grands de la terre.

On n'en sut pas plus tout d'abord. Margot avait beau se donner des attitudes qui étaient fidèlement singées sur celles de son « cher seigneur, » on n'y faisait pas attention.

L'éveil fut donné par un domestique, qui assura que M. Conneau était venu donner une consultation à Madame.

Toutefois, était-ce bien vrai? Quelle foi ajouter à un propos de laquais? Et puis, ne se pouvait-il pas que le Grand de la terre, encore inconnu, fût des amis du médecin intime de Napoléon?

On se mit aux aguets, pourtant, et l'on constata que souvent le coupé de Margot quittait le lac pour gagner un chalet à Montretout, le chalet de Mocquart.

Sans doute, c'était un indice. Mais Mocquart lui-même n'était-il pas ce que l'on appelle un « vieux Roquentin? » L'enfant était peut-être de lui.

On le voit, la malignité parisienne, si susceptible d'habitude, se montrait difficile à manier cette fois. C'est qu'aussi, véritablement, il y avait de quoi demander des gages pour gober qu'un empereur descendit à une fille, agréable sans doute, mais à une fille qui avait été cotée et que bon nombre de viveurs sans grande fortune avaient eue presque gratis.

BIARRITZ.

Pour couper court, Mocquart recourut aux grands moyens. Son maître était à Biarritz, en ce moment. En quarante-huit heures, il y fit trouver, installer et préparer un chalet dans lequel Margot pouvait s'installer le surlendemain.

Il y avait, en tout, deux mois et demi que le prologue de cette comédie durait. Pendant ce temps, le « cher seigneur » et la nouvelle Odette s'étaient à peine vus dix fois. Entre eux l'intimité était loin d'être venue. Margot, on le conçoit, avait trop de respect pour se laisser aller. Quant à Napoléon, on connait sa nature. Un être froid, un caractère dont M. Thiers a dit : — « C'est une grande incapacité méconnue, » mais un homme assez habile, en tous cas, pour chercher à dissimuler cette incapacité sous une placidité implacable. Qui ne se souvient de ce sourire à l'aide duquel il évitait de répondre, de ce salut lent et presque craintif? Allez donc vous frotter à un semblable sphynx! Beau confident de peines de cœur, et comme à ses côtés on devait se sentir disposé aux épanchements!

Cependant, sous cette glace taciturne et raide, des appétits terribles couvaient. « Il n'est pire eau que l'eau qui dort, » dit un adage, et Mocquart, qui connaissait à fond le sire, comptait bien sur ses passions pour atteindre le but qu'on se proposait.

Cependant déterminons bien ce but, afin d'éviter l'équivoque. Il ne s'agissait pas que Napoléon honorât Margot de ses bonnes grâces, il fallait seulement que Marguerite Bellanger passât pour la maitresse de l'Empereur.

La société de Biarritz ne fut pas peu surprise de voir arriver « cette demoiselle » dans le pays. Quoi! une espèce! une fille ! Le premier jour on la mit en quarantaine. Et le soir on chercha la raison de ce scandale.

Mais bientôt on apprit que le souverain avait passé la soirée du jour de son arrivée, en sa compagnie, chez Mocquart. On parla ensuite d'un diner fait en catimini. On vit, sur la promenade, Sa Majesté répondre par un sourire au salut de la belle. Bien plus, on l'aperçut au bras du secrétaire de l'Empereur.

On peut penser que dès ce moment la quarantaine fut levée; non de la part des dames, sans doute, mais de celle de tous « ces messieurs. » Dévoués de toute valeur, préfets en congé, aides de camp, généraux, diplomates, tous du jour au lendemain allèrent à Margot les deux mains en avant, et lui composèrent une cour où l'étiquette, il faut le reconnaître, n'avait aucune parité avec celle des Tuileries, mais où, du moins, on paraissait fort se plaire et s'amuser.

Nous l'avons dit en commençant ce récit, Marguerite était loin d'être sotte. Elle avait, au contraire, beaucoup d'esprit naturel, que quelques lectures heureuses avaient en apparence cultivé. On en fut surpris. Puis, son charme personnel, une certaine distinction naturelle et un grand tact instinctif, tout cela produisit un excellent effet. En quelques jours, elle fut la lionne du lieu. On ne parla plus que de Margot. On renchérit sur ses qualités, on la trouva belle, tant et si bien qu'on finit par trouver tout simple que l'Empereur se fût épris d'elle. Lui, qui se connaissait si bien en hommes, ne devait-il pas se connaître aussi bien en femmes? Margot fut non-seulement acceptée par la société masculine, mais encore les dames permirent qu'elle fût, chez elles, le sujet de la conversation. Pensez donc! une personne qui, visiblement, recevait des marques de la tendresse de l'Empereur !

Ainsi donc c'était un fait acquis : Marguerite Bellanger était bien et dûment la maitresse de Napoléon III. Pas à en douter, le notaire y avait passé.

Et pourtant, il n'en était rien encore. Mais cela ne devait pas tarder, puisqu'après tout Margot n'était pas sans charmes et que de jour en jour les fréquentations se multipliaient entre eux.

Mocquart commençait à s'en inquiéter. Non pas à cause du fait lui-même ; il n'était pas bégueule, le père Mocquart; mais en raison des conséquences possibles. Voyez-vous la maîtresse de l'Empereur obligée d'accoucher pour de bon, moins de neuf mois après avoir accouché légalement ! L'embarras eût été vraiment singulier.

— N'ayez pas peur, lui dit un jour Margot, riant des appréhensions du bonhomme, j'ai manqué ma vocation. Le ciel m'avait dotée de la principale qualité qui fait les bonnes gouvernantes de curé.

Et comme l'autre semblait douter de son dire :

— Envoyez-moi Conneau, ajouta-t-elle, il vous le certifiera.

— Pour tant faire, répondit Mocquart, prenons-en un autre. En tant que dévoué, Conneau est de premier ordre; mais comme docteur... je ne lui confierais pas un cadavre; il le ferait mourir une seconde fois.

Une circonstance vint confirmer définitivement la rumeur publique, sur les amours du souverain de la France avec Margot et sur ce qui devait en résulter.

Un grand bal par souscription, sorte de fête de bienfaisance, devait être donné par les autorités du pays. On sut bientôt que — style officiel — Sa Majesté honorerait la fête de sa présence.

Il n'en fallait pas plus pour que tout le beau monde de Biarritz souscrivît. Aussi la recette fut-elle splendide. Quant à ce qu'il en revint aux indigents, si vous voulez absolument le savoir, je crois que vous aurez quelque peine à arriver à la connaissance de l'exacte vérité. Ces choses-là font très-bien dans les feuilles publiques, surtout dans les journaux subventionnés par la préfecture; mais, sous le gouvernement de l'Élu du peuple particulièrement, ce fut toujours à peu près un mystère insondable. Les rédacteurs assermentés et subventionnés ne manquent pas de rééditer tous les clichés usités en semblable occurrence : « Les souscripteurs feront à la fois une bonne affaire et une bonne action ; » mais, pour ce qui est du résultat définitif, les pauvres n'en sont ni moins pauvres, ni moins désespérés. On dit que cela tient au sol français. Je ne le crois pas, supposant plutôt que cette duperie, qui date de loin, est à peu près de tous les pays. De nos jours, mille choses se répandent ainsi du Nord au Midi et de l'Est à l'Ouest; on a fait de grands progrès dans la sience de l'acclimatation!

Quoi qu'il en soit, la fête devait être superbe et en tous points digne de l'auguste visiteur dont on escomptait la présence.

Et Margot dit à son « cher seigneur »:

— Vous déplait-il que je souscrive à ce bal?

Le cher seigneur sourit en silence, selon sa louable habitude. Il tourna les poils de sa moustache et, s'étant décidé à répondre évasivement, Margot insista.

Déjà elle savait en jouer. Sans l'apprécier encore à sa juste valeur, tout en gardant des illusions sur la poésie du rôle qu'elle avait accepté, elle était trop femme pour ne pas s'être apprivoisée avec l'élément Majesté du personnage. Elle le croyait bien encore « l'arbitre de l'Europe, le neveu du Grand Homme, » un très-grand homme lui-même; mais pour majestueux... elle en rabattait d'un peu. Absolument étrangère à la politique, subissant là-dessus le prestige grâce auquel on éblouit les commères et les bons bourgeois, elle consentait à ce qu'il fût un aigle dans le concert européen; mais comme homme, dans l'intimité... (ne vous scandalisez pas trop, et songez à ce qu'elle était!) dans l'intimité donc, elle en pensait tout bonnement que c'était « un brave homme. »

Un brave homme! Lui!...

Voilà un châtiment oublié par Hugo.

Donc Margot insista, et si finement que le « brave homme, » ayant consulté Mocquart d'un coup d'œil, finit par consentir.

— Toutefois, dit-il, je vous prie d'apporter dans votre tenue et dans votre toilette toute la réserve possible.

On pouvait s'en fier à elle, là-dessus. Elle le fit remarquer. L'Empereur en convint et elle eut gain de cause.

Le jour du bal arriva. Tout Biarritz y était. A l'entrée de l'Empereur, l'orchestre joua l'air de la reine Hortense, qui fut entendu avec un nouveau plaisir par toute cette société en qui le dévouement débordait. On se porta au devant du monarque avec amour; avec amour on fit la haie sur son passage. C'était féerique !

Quand l'Empereur aperçut son amie, il éprouva une réelle satisfaction. C'était la simplicité même. Rien qu'une robe de dentelle noire; à peine un diamant pour relever le flot des manches. Voilà du tact et de la discrétion. Il en était ravi. Aussi crut-il devoir lui donner un témoignage de sa satisfaction souveraine.

L'ayant trouvée dans un salon écarté, il s'approcha d'elle. L'état-major, posté intelligemment aux issues, tournant discrètement le dos, formait des groupes et interdisait l'entrée des intrus.

En arrivant près de la belle, Napoléon remarqua que sa robe était parsemée de petits points brillants; on eût dit qu'une pluie d'or fût tombée sur la dentelle. En effet, Margot avait eu dans l'idée la fable de Danaé : allusion délicate qui transformait son empereur en Jupiter.

Il n'en fut point fâché et daigna en sourire. Mais en se penchant sur l'épaule de la belle, il fut frappé de la singulière forme de ces gouttes d'or. Inquiet, il prit la dentelle en main, pour y regarder de près... Puis, renonçant à se fâcher, il étouffa un éclat de rire.

Les gouttes d'or étaient de ravissantes abeilles ciselées!

Après cela, le doute n'était plus permis. Tout Biarritz

avait vu les abeilles. Quelques journaux de Paris en parlèrent à mots couverts. Devant Dieu et devant les hommes, Mademoiselle Marguerite Bellanger avait l'honneur d'être la sultane favorite de Sa Majesté Impériale Napoléon III!

UN SOIR.

A quelques mois de là, il y eut une grande émotion à l'hôtel de Madame Bellanger. On ne disait plus ni Marguerite, ni Margot, ni Mademoiselle.

Depuis une quinzaine de jours, un docteur, ou soi-disant tel, venait chaque jour visiter la jeune dame, qui ne quittait plus son appartement que pour un tour d'une heure en coupé dans les Champs-Élysées.

Le docteur passait quelques moments à peine avec sa jeune

cliente. Mais si courte que fût la consultation, il est à supposer qu'il ne s'y disait rien de triste, car les domestiques entendaient chaque fois quelques éclats de rire de leur gracieuse maîtresse.

Un jour, la femme de chambre entendit Madame dire au docteur qui la saluait au seuil de sa chambre :

— Ah çà! elle n'en finira donc pas! Ça commence à être embêtant, cette farce-là!

Chassez le naturel, il revient au galop. Madame Bellanger avait des retours de Margot. La femme de chambre en fut un peu scandalisée. C'est que c'était une femme de chambre du beau monde, qui allait à la messe, communiait deux fois l'an, et dont l'amant était commis au ministère des finances.

Mais ce mot échappé à la belle fille n'était pas le seul sujet d'étonnement qu'eussent les domestiques. Sa grossesse elle-même leur paraissait bien singulière; nombre de détails les surprenaient souvent.

D'abord, il y avait un petit cabinet où personne n'entrait jamais. Puis il semblait à la femme de chambre que Madame était bien plus mince quand elle était au lit. Puis encore, Madame ne prenait jamais de bain à domicile. Comprend-on cela : une femme enceinte, et de sa position, aller au bain dans un établissement public?

En réalité, Margot disait vrai : son rôle devenait « embêtant. » Que de gênes, que d'obligations! Porter un ventre postiche n'était rien; mais simuler des malaises, rester séquestrée dans une chambre, se contraindre à ne point recevoir les soins de ses serviteurs. A la longue, cela prenait le caractère d'un véritable supplice.

Au commencement, la tâche lui avait paru moins pénible; d'autant plus que l'idéal que Mocquart était parvenu à lui mettre en tête la soutenait. Mais il est de la nature de tout idéal de décliner par la durée. On ne peut pourtant pas rester en extase pendant des mois. La vie réelle, qui ne perd point ses droits, procure des distractions forcées.

En outre, il n'est guère d'idole avec qui l'on ne se familiarise. Les prêtres du Bœuf-Apis ont dû plus d'une fois, dans l'intimité, badiner avec la queue du faux dieu, et, dans le secret des sacristies, plus d'un augure a fait la grimace à Jupiter.

Au moment présent, Napoléon avait perdu beaucoup de son prestige aux yeux de son amie. On l'a dit plus haut, à de certains égards, elle ne le tenait à peu près que pour un brave homme, et le dévouement a ses lassitudes, comme tous les sentiments humains; demandez à Murat, au maréchal Ney et à tant d'autres dont parlent les historiens de l'abdication de Fontainebleau; demandez à Dupin surtout.

Or Margot n'était point de la trempe de tant de grands hommes, et elle avait hâte qu'on baissât le rideau sur le cinquième acte de la comédie dont elle jouait le rôle *à côté*, comme disent les acteurs.

Mocquart le sentait bien, aussi n'était-il pas toujours rassuré. Pour entretenir le dévouement chancelant, ou plutôt fatigué de Margot, il n'avait rien trouvé de mieux que de la faire combler de dons. Hôtels, rentes, titre même! car Margot doit avoir des lettres de noblesse, bien que le *Moniteur* ne les ait point enregistrées.

A tout considérer, le moyen était de pire sorte. Avec la moitié de tout ce dont on l'accablait en ce genre, Marguerite se tenait pour largement satisfaite. Le surplus ne la touchait pas. Mais que voulez-vous! Mocquart était trop homme de l'Empire pour comprendre la gaucherie qu'il commettait. Ne voyait-il pas que le dévouement de tout l'entourage ne s'arrosait qu'avec de l'argent et des faveurs? Lui-même s'en satisfaisait. Comment eût-il compris qu'une fille entretenue n'y fût pas sensible? Il oubliait qu'elle était jeune et que l'avarice ou le goût des richesses excessives ne vient qu'avec le développement de la saine raison. Que n'était-elle de l'autre sexe, il lui eût donné la croix d'honneur.

L'émotion dont nous parlons plus haut fut causée dans les circonstances suivantes :

Le matin, Marguerite s'était levée de très-belle humeur.

Après avoir déjeuné de fort bon appétit, elle s'était mise au piano, chantant à peu près juste et presque en mesure les meilleurs airs du maëstro Offenbach.

Tout à coup, le docteur entra. Dix minutes après son arrivée, la femme de chambre, qui écoutait à la porte, entendit Madame s'écrier :

. . . .

— Enfin !

. . .

Puis le docteur partit.

Margot se remit au piano. Mais on sentait qu'elle chantait avec distraction. Ce n'était plus juste du tout, la main gauche accrochait des fausses notes, l'âme n'y était pas.

A un moment, sa femme de chambre étant là , elle s'interrompit.

— Je ne sais ce que j'éprouve, dit-elle. Regardez-moi donc : je dois être pâle, n'est-ce pas?

— Un peu, Madame.

— Et puis, il me semble que tout se trouble en moi.

— Madame ressent peut-être les premières douleurs?

— Peut-être. Ça vient de me prendre tout à coup.

— Si Madame se mettait au lit?

— Non, fit Margot, cela va passer.

Un moment après, elle envoya sa femme de chambre porter une lettre au dehors.

Un quart d'heure après, un violent coup de sonnette faisait arriver haletante la cuisinière.

Margot était couchée.

— Vite, vite, dit-elle, qu'on envoie le cocher ou le suisse chez le docteur. Je crois que le moment approche.

LA DÉLIVRANCE.

Pour toute comédie, le moment difficile est celui du dénouement. Celui-ci l'était plus que tout autre. Pour qu'on s'en rende un compte exact, qu'on nous permette d'énumérer les conditions auxquelles il devait pleinement satisfaire.

De quoi s'agissait-il, au total?

Il fallait que Margot parût accoucher d'un enfant.

Or, pour arriver à ce résultat, il était indispensable que l'enfant fût réellement entré dans cette vie.

Mais il fallait encore, et c'est là ce qui était le plus malaisé, que cet enfant fût amené dans l'hôtel de Margot sans qu'on s'aperçût de son arrivée. Or on avait pensé à tout, sauf à cette obligation inévitable, et l'hôtel de Madame Bellanger n'avait pas d'issue secrète. Force était donc d'entrer par la porte cochère. Et si le nouveau né, trop jeune encore pour comprendre la situation et se laisser convaincre de se prêter aux nécessités de l'entreprise, allait se mettre à pleurer trop tôt, soit en passant devant la loge du portier, soit dans les pièces qu'il fallait traverser pour arriver jusqu'à la mère qu'on lui infligeait? Et puis, qui pouvait l'apporter? Et quelle raison donner de l'arrivée du porteur, surtout si cette arrivée devait se faire au beau milieu de la nuit?

Le lecteur voit que le problème n'était pas si simple qu'il paraissait l'être au premier examen. Et pourtant n'avons-nous tous pas vu, dans les romans, que de pareilles substitutions se font comme en douze temps. C'est à peine s'il y faut la nuit, avec un peu de lune dans les branchées pour que le pittoresque y soit, un homme enveloppé d'un grand manteau, et autres accessoires du plus pur domaine littéraire. Mais, dans la réalité, c'est tout autre chose; un accouchement est un accouchement, et, pour qu'on y croie, il est indispensable qu'il s'y trouve tout ce qui s'en suit, ce qui, on le sait, est très-compliqué.

Il faut rendre cette justice à Margot qu'elle se prêta, en conscience, à la nécessité, tout en se disant :

— « Pourvu que cette gaillarde-là ne me fasse pas poser trop longtemps. »

Quant à la mise en scène, elle fut des plus soignées : Mocquart ne s'en était pas plus mêlé que de celle des pièces que Victor Séjour écrivit pour lui.

Le docteur arrivé, il resta un bon moment seul avec Marguerite ; puis il sonna et la presque totalité des domestiques étant venus, sur son ordre, il prescrivit à chacun son service, disposant choses et gens de telle sorte que les difficultés fussent autant que possible amoindries.

Puis, il dit qu'il allait envoyer une garde de qui il était sûr. Mais ce n'était pas une garde ordinaire, elle était sage-femme diplômée et il recommanda de lui obéir en toutes choses. Enfin, comme en ces sortes d'affaires il y a toujours de l'imprévu, il annonça que cette garde de confiance aurait avec elle une espèce d'aide ou de servante, qui permettrait qu'on fût sans inquiétude, quoi qu'il arrivât.

Deux jours durant, l'on attendit. Le docteur venait jusqu'à six fois dans les vingt-quatre heures. La seconde nuit, il vint deux fois, laissant voir à dessein qu'il était porteur d'un paquet plus ou moins volumineux. Mais ce paquet, tenu sous son mac-ferlane, il le remit à la femme de chambre avant d'entrer chez Madame, lui donnant des instructions à ce propos.

Le paquet contenait tout un attirail de chirurgie, grossi exprès.

— Tenez cela à ma disposition pour le grand moment, dit-il; mais ne le laissez pas voir à Madame, elle pourrait s'en effrayer.

— Bien sûr! répondit la caméristo.

La seconde fois, c'était du linge de prosaïques couches.

— C'est un cadeau que je me permets de faire à votre maîtresse, dit-il. Tout est neuf ici, et la délicatesse des enfants exige de la vieille toile. Hélas! je suis veuf et n'aurai plus occasion d'utiliser ces objets sans valeur réelle, mais bien précieux pour le petit être que nous attendons.

La troisième nuit, il arriva en coupé, et le cocher ayant demandé la porte, le cheval entra d'un trait, cinglé d'un maître coup de fouet.

La portière du coupé fut refermée par le docteur avec vivacité, de façon à produire du bruit. Il entra dans l'habitation très-vivement et pénétra sans encombres dans la chambre de Margot qui dormait du sommeil du juste.

Le portier, tout en refermant les battants de la lourde porte cochère, crut entendre une sorte de plainte qui lui fit brusquement tourner la tête; mais il pensa s'être mépris, et cela n'amena pour conséquence que de lui faire remarquer que le docteur avait encore un paquet.

Que se passa-t-il durant le reste de cette nuit dans la chambre de Margot? Personne ne le saurait dire, sauf les complices de l'affaire.

Ce qu'on sait, c'est que les domestiques, mis sur pied à la hâte, entendirent des cris; que le cocher fut envoyé chez le plus proche pharmacien qu'il fit lever, réclamant à tout prix du seigle ergoté; que, vers huit heures du matin, la garde permit à la femme de chambre de soulever le rideau du berceau où dormait un pauvre petit qui ne se doutait pas de l'embarras qu'il causait déjà à tant d'honorables et illustres personnes, et que le tapis de la chambre de Madame fut perdu, tant il aurait fallu de réparations pour qu'on pût encore s'en servir.

On constata de même que Madame avait très-bonne mine. La fièvre de lait ne l'incommoda que très-légèrement, au point qu'il n'y eut pas lieu de prescrire une diète sévère.

A quelques jours de là, un commissionnaire emporta une

grande malle que la garde avait préparée, après quoi le fameux cabinet impénétrable fut laissé ouvert à tout venant.

Madame était assurément d'une très-riche constitution, car elle n'attendit pas les neuf jours pour se lever.

Le douzième, elle eut permission de sortir en coupé.

Enfin, le docteur lui dit un jour :

— C'est fini. Vous en voilà quitte. Tout est sauvé.

— Fors l'honneur! répondit Margot. Mais si ça lui reprend, à *l'autre*, ne comptez plus sur *moi*. Oh! mes enfants, quelle *scie!*

L'enfant fut inscrit sous ses noms comme fils de Mme la baronne de Beau.... (le titre de Margot, dont le véritable nom n'est point Marguerite Bellanger).

Quant au père du jeune homme : INCONNU !...

Et maintenant, lecteurs, retournons à celle que Marguerite appelait *l'autre*, et que nous appellerons, nous, la vraie mère. Nous ne pouvons la désigner autrement, quoique son... accident appartienne à l'histoire, mais il est des secrets qu'il faut savoir garder lorsque le pavillon matrimonial, les couvre.

L'histoire de la vraie mère, ou plutôt de l'inconnue, ce sera le quatrième acte.

L'épilogue suivra de près.

LA VRAIE MÈRE.

Si les grands bals des Tuileries étaient une cohue épouvantable où les invités, aussi inconnus les uns des autres que des maîtres de la maison, se heurtaient au son des violons de Strauss, les lundis de l'Impératrice, au contraire, avaient tout le caractère de l'intimité.

Depuis le jour où le haut fonctionnaire avait présenté ses deux filles dans les régions officielles, sa cadette, timide au début, s'était peu à peu familiarisée.

Bientôt même, on crut remarquer que, douée des qualités de son honorable père, elle avait plaisir à trancher, à commander, comme si, toujours comme son honorable père, elle se fût sentie appuyée par une auguste volonté.

Mérimée, qui aimait à rire, en dit un jour :

— Cette enfant se développe admirablement ; il y a maintenant, en elle, je ne sais quoi de souverain... qui lui va à ravir.

Et, en réalité, le je ne sais quoi souverain se trahissait dans ses moindres actes, jusque chez l'auguste Légitime du chef de l'État.

Un soir, à l'un de ces lundis, elle conduisait le cotillon en compagnie du marquis de Caux, et cela avec tant de despotisme (était-ce une flatterie de plus adressée à César ?) qu'elle donna lieu à plus d'un geste de mauvaise humeur, et que, tarabustée par l'impérieuse demoiselle, la femme d'un magistrat, Madame Oscar de Vallée, ne put s'empêcher de lui dire :

— « Mademoiselle, on voit bien que vous êtes ici la *maîtresse*. »

Le mot fut répété à l'Impératrice qui, impitoyablement, fit rayer de la liste des invités, à ses lundis, Madame de Vallée et son mari, prenant naïvement le mot pour une négation audacieuse de son autorité personnelle, car la régente d'hier ignorait la vérité et, chaque fois que la fille du haut fonctionnaire paraissait aux Tuileries, elle se serait volontiers écriée, comme la reine de Navarre, dans *les Huguenots*, à l'entrée de Valentine de Nevers :

— ... C'est elle,
La plus belle
De mes demoiselles d'honneur.

Malgré cette haute protection et cette confiance aveugle — la nature est impérieuse — la belle danseuse abandonna forcément le cotillon impérial peu après. Certaines indispositions caractéristiques, une extension bientôt visible de sa taille de Junon, l'obligèrent à une retraite complète, sous peine de faire connaître à tous la *raison de son état*.

Heureusement que le carême était arrivé et les réceptions officielles terminées. Où se réfugia la pauvrette? Quelle fut sa vie dans sa retraite? On l'ignore. On sait seulement que tout ce qu'il y avait d'intime à l'Empereur se mit à l'œuvre pour sauver les apparences.

Ces complaisances courtisanesques étaient de mode, et chacun se faisait un véritable devoir de les accomplir avec zèle et discrétion.

LE BALLET DES ABEILLES.

Cela se passait à peu près à l'époque où les fêtes impériales atteignirent l'apogée de la fantaisie et de la splendeur.

Un souvenir qui n'est point encore effacé de la mémoire des hôtes ordinaires et extraordinaires du *château* — comme on disait dans le monde officiel — est celui du bal masqué, pendant lequel fut dansé *le Ballet des Abeilles.*

Cette fête fut toute spéciale. On l'ajouta au programme ordinaire, qui ne comptait que quatre bals annuels.

Le ballet des abeilles, réglé par les maîtres à danser de l'Opéra, fut exécuté par Mlle de Tascher, Mme Léopold Magnan, la baronne Edgard de Vatry, la princesse Lise Troubeskoï, Mme Pereira (la perle du Brésil), Mme Coppens de Lostende, la baronne Molitor, Mlle Sophie Kiniakoff et quatre jeunes étrangères, étoiles filantes du monde officiel.

Ces dames furent traînées dans de vastes ruches à roulettes, jusqu'au pied du Trône, dans la salle des Maréchaux, et là se mirent, ailes au dos, à imiter les ballerines, avec cet entrain frivole qui caractérisait tous les divertissements impériaux.

L'Impératrice avait revêtu un splendide costume de dogaresse; la princesse de Metternich s'était déguisée en diable noir, et les plumes d'un oiseau de paradis paraient la baronne Alphonse de Rothschild.

Il nous faudrait cinquante pages pour citer tout le monde et rappeler chaque costume.

A deux heures du matin, alors que l'Impératrice avait officiellement regagné ses appartements pour se perdre en domino, au milieu de la foule de ses invités, l'entrée de la belle Mme de Castiglione, de galante mémoire, mit tout le monde en émoi.

MM. de Walewski et de Flamarens faisaient le passage à la belle étrangère en ouvrant, devant elle, la foule avide de l'admirer.

On se bousculait pour dévorer des yeux cette étoile de première grandeur, abeille aussi, qui probablement savait par cœur ces deux vers d'Hugo :

> Et qu'il soit *chassé* par les mouches,
> Puisque les hommes en ont peur!

LA LOGIQUE DE MOCQUART.

On a vu, par ce qui précède, à quelles intrigues on fut tenu de descendre. Mais la combinaison Mocquart ne réussit pas du premier coup. On se sentait choqué de donner pour mère à la demoiselle d'un grand de l'État, qui? Une fille entretenue.

Ces gens étaient ivres de leur réussite. S'ils plaçaient à l'étranger, ils avaient l'inconséquence de se croire une aristocratie.

Plus pratique, Mocquart s'évertuait à leur faire entendre

que, pour ce dont il s'agissait, il n'était vraiment pas possible de trouver une chanoinesse.

— Vous vous croyez en Italie ou en Allemagne, leur disait-il. Mais mettez-vous donc bien dans l'idée que vous êtes en France, un pays où, grâce au régime impérial, tout peut se faire et s'escamoter, sans doute; mais à la condition de prendre pour complices des êtres déclassés et démoralisés. Voyez à la Chambre : Rouher ferait-il avaler ses couleuvres à d'autres que nos candidats officiels? Il faut être de bon compte aussi!

En résumé, tout avait si bien marché, que celui que ses domestiques appelaient entre eux : « le patron » voulut en cela, comme en politique, poser le couronnement de l'édifice.

Quelques mois après l'heureuse délivrance de Margot, il se trouva de bon matin une affluence extraordinaire du meilleur monde de la cour, dans un endroit que, par générosité, nous ne désignerons pas plus que les tristes personnages de cette scène. Bornons-nous à dire que c'était un lieu saint.

Les Majestés, les Excellences, les Monseigneurs, le ban et l'arrière-ban de la bande impériale étaient là : un bouquet!

Sans qu'on lui en eût demandé son avis, la sainte Vierge

présidait la cérémonie ; bonne précaution, du reste, puisqu'il est convenu qu'il en faut au moins une dans les affaires de ce genre.

Un prélat — c'était le moins qu'on pût faire — dit, sans broncher, des paroles sacrées et prononça un discours vraiment très-beau ; ces personnes-là, qui sont constamment inspirées du Saint-Esprit, ont une éloquence merveilleuse. Il parla de la chasteté de l'épouse, du bonheur de l'époux, des devoirs réciproques, sans oublier l'amour qu'on doit à Dieu et au prince, celui-ci étant, comme vous savez, le représentant de celui-là sur la terre, ce qui n'est pas toujours très-flatteur pour la Trinité. Mais on en prend et on en laisse, et ce n'en est pas moins édifiant.

Le tout s'adressait à la véritable mère de l'enfant de Margot, ainsi qu'à un excellent jeune homme à qui l'Empereur voulait du bien ; ce qui paraissait clairement par le fait de la cérémonie. Sa Majesté avait signé au contrat ; comment donc ! Signé et paraphé. Quand il aimait les gens, ce n'était pas à moitié.

Je ne vous dirai pas le détail de la fête ; je n'y fus point prié ; mais les journaux du temps vous en donneront l'ordre et la marche, et vous ferez bien d'en prendre connaissance, si vous êtes amateur des douces émotions.

Le plus agréable, ce fut le moment où les deux mariés se trouvèrent seuls enfin ! Par malheur, je n'y étais pas non plus, et puis le sujet est un peu délicat. Mais l'imagination supplée aux documents officiels, et vous pouvez supposer ce que ce fut.

Ardeur et crainte ; fougue et ignorance ; pétulance et tendre embarras ; voilà très-certainement le programme. Heureux mari ! Heureux mortel ! Ce qu'il découvrit et trouva !... Il y a des gens nés coiffés.

ÉPILOGUE.

Si jamais des gens eussent été sages d'avoir pour loi fondamentale, pour obligation impérieuse de s'entendre, comme larrons en foire, c'étaient bien ceux-ci. Ils ne pouvaient se maintenir que par la cohésion.

Eh bien, jamais cour — puisque cour il y a! — n'eut tant de jaloux. Pas une de ces créatures qui ne détestât toutes les autres et n'en fût détestée. C'est tout simple : Personne ne croyant que « c'était arrivé, » chacun tirait à soi le plus possible, en prévision d'un écroulement final qui était indiqué.

Or, sans appuyer davantage, il se trouvait tout près de l'Empereur deux cliques atrocement montées l'une contre l'autre : la clique Morny; la clique Mocquart.

Les deux chefs, intimes au même degré, approchant « le patron » avec des facilités identiques, se seraient arraché les yeux, n'était le respect humain et la crainte des réprimandes.

A tour de rôle, ils dominaient; mais le dominateur du moment, pour assurer son règne, avait l'obligation — tout n'est pas rose! — de pactiser avec une autre clique tracassière, inquiète et capricieuse: la clique de l'Impératrice.

Par exemple, rien de plus aisé que de conclure le pacte avec celle-ci; une seule condition était indispensable : tracasser le prince Plomplon, voilà tout. C'était presque un plaisir, une espèce de compensation, pour ces bonnes âmes. Au milieu de défauts, très-tranchés, parmi lesquels certains sont à pouffer de rire, et un atroce : la morgue du despotisme, le prince avait des qualités qui les gênaient. Il était intelligent; grave tort. Il avait la riposte prompte et dure, bien qu'assez souvent spirituelle. En outre, il était clairvoyant, et se conduisait de manière à faire voir que tout l'édifice ne lui inspirait qu'une confiance médiocre. Il semblait un voyageur qui sait devoir souvent ne trouver au bout de l'étape qu'un fumier pour gîte, et qui, tombé par hasard dans une bonne auberge dont la meilleure chambre lui est échue, se goberge à ventre déboutonné, comme certains ivrognes boivent pour la soif à venir. Il avait toute la tenue d'un homme, Scapin fort digne, qui, goûtant les fruits d'une duperie bien ourdie par le voisin, se dirait :

— « Dépêchons-nous de jouir et de nous gorger; qui sait si demain, la mèche étant découverte, l'hôte ne démanchera pas le balai, pour nous reconduire. »

Mais, aux yeux de toutes les cliques en crédit, le philosophe fils de Jérôme avait le tort de savoir à fond la valeur de ses antagonistes, et si ceux-ci le méprisaient de tout leur cœur, à cause de plusieurs travers, en tête desquels on doit placer un profond sentiment de sa conservation personnelle, il le leur rendait sans compter, ayant sinon de plus graves, du moins de bien plus nombreux sujets de les tenir pour de lugubres et pernicieux fantoches.

Ce particulier instinct de conservation, dont le cousin du neveu du grand homme était affligé, lui valut plus d'un coup d'épingle dont les Parisiens s'amusèrent mainte fois. Le mot le plus drôle à cet égard est certainement le dernier qui ait été fait sur lui :

Au début de la guerre que l'Empereur entreprit avec tant d'intelligence, une dame, bien décidée à quitter Paris avec ses enfants, ne savait pourtant où se réfugier.

— « Où aller? demandait-elle à son frère. Au nord, au midi, à l'ouest, où cela? »

— « Tiens, répondit celui-ci, ne combine pas tant; suis le prince Napoléon, tu peux être certaine qu'il n'y aura jamais aucun danger. »

Pour revenir à notre sujet, et une fois toutes ces cliques bien placées à leur point stratégique, il se trouva que la clique Mocquart, qui avait mené à bien l'affaire de la fausse maternité de Margot, se crut assez bien en cour près du maître pour négliger l'alliance de l'Impératrice. Ce fut une grave faute, dont Mocquart et l'Empereur lui-même ne tardèrent pas à se repentir.

En effet, Morny, tenu à l'écart depuis longtemps, vit le joint d'une rentrée en faveur : il avait peut-être bien quelque traquenard industriel ou financier à faire lancer. Il fit des avances à l'épouse du maître. Puis, trouvant plus . ifficulté qu'il ne supposait, il voulut frapper un grand coup, et r à jamais son adversaire Mocquart.

Sans avoir besoin de renseignements policiers, il savait, grâce à l'habileté du chef du cabinet, justement ce que celui-ci avait voulu que l'opinion sût de l'histoire de Margot. Pour Morny comme pour tout le monde, Margot avait été la maîtresse de Napoléon III, et elle en avait eu un fils.

C'en était bien assez. Quelques intimes lui donnèrent des détails sur l'intrigue apparente. Tel jour, Mocquart s'était prêté à une entrevue de *cette fille* avec notre Sire ; tel autre, le couple avait rompu le pain chez lui, etc.

Tout simplement, il alla conter l'aventure à l'Impératrice, s'excusant de lui causer un chagrin ; mais la dynastie avant tout ! et, par heureuse rencontre, le Prince impérial, en ce moment, faisait concevoir des craintes graves sur sa santé. Nombre de médecins disaient que son existence était problématique, et Conneau, assurant le contraire, affirmait que l'enfant était plein de séve. L'Impératrice était mère, d'un caractère à ne pas se déplaire au rôle d'une Catherine de Médicis, pour occuper sa maturité ; de plus, elle connaissait la valeur scientifique de Conneau ; aussi avait-elle grand-peur.

Au récit de Morny, elle bondit. L'infidélité était peu de chose. Mais un fils ! un fils d'une fille entretenue...

Le soir, Sa Majesté Napoléon III, fils aîné de l'Église, passa un vilain moment avec sa dame! Tout empereur qu'il fût par la grâce de Dieu (qui en fait un étrange usage, s'il est vrai que sa grâce y soit pour rien!) et la volonté nationale — ô suffrage universel — il s'en entendit jeter au nez de sanglants reproches.

C'est, du moins, ce que je suppose, car, dans la nuit même, ayant mandé Mocquart, il lui exposa le cas.

Le désarroi était complet. Cependant, il restait acquis une chose excellente : il n'était question que de Margot; on ne savait donc que la moitié de l'affaire.

« — Sauvés, mon Dieu! »

L'honneur de la vraie mère, de la fille du haut et honnête personnage, restait intact. Voyez pourtant ce que c'est : si Morny avait cru avoir besoin de confidences policières, il apprenait tout, et cet homme, ce père... on frémit quand on songe aux risques que courut un homme aussi considérable. Car c'est bien le mot qu'il faut employer. Il était considérable; mais tout ce qui est aimable n'est pas toujours aimé, et si considérable qu'il fût, il n'était guère considéré.

Mocquart fit blanc de son épée sur l'heure. Il répondit de tout.

Sur un mot de lui, Margot partait le lendemain matin se cacher près de Saumur, commune de Villebernier, dans une sorte de ferme ignorée, pendant que *son* fils était conduit à l'étranger (chez nous, mon cher lecteur, à Bruxelles, ici même! quel honneur!).

LE TRUC DE MOCQUART.

Les intéressés à l'abri, Mocquart se mit à creuser le sujet, comme s'il s'était agi de travailler avec Victor Séjour, et à la fin, trouva un plan, — lui, il disait : « un *truc.* »

De quoi se plaignait l'Impératrice? De ce que l'Empereur eût un fils bâtard d'une cocotte. Eh bien, si l'on prouvait à l'auguste épouse que le bâtard n'était point des œuvres du monarque, sa colère ne s'abaissait-elle pas? Il jugea que ce n'était point encore assez pour désarmer le courroux de

Junon. Il fallait lui donner une satisfaction d'amour-propre ; les femmes sont si faibles! Il fallait que tout cela parût une sotte histoire, dont l'époux était bien repentant ; il fallait, dis-je, qu'il parût berné, trompé, disons-le mot : cocu, là comme ailleurs, comme partout et toujours. L'Impératrice avait bon cœur, elle en rirait à se tordre, pardonnerait et n'en serait que plus tendre. Ainsi, d'ailleurs, l'incident était clos, et la vraie mère ne risquait plus jamais rien.

Tel était le *truc* de Mocquart.

Mais comment prouver tant de choses?

L'Empereur se le demandait.

— Un jeu d'enfant! répondit le secrétaire. Donnez-moi carte blanche.

L'ayant reçue, il chercha un homme sérieux, mais serviable, qui s'entremît obligeamment.

Pendant ce temps, Margot, grâce à l'incognito — elle se faisait réellement grande dame, — se retrempant aux sources pures de la nature en fête, se ressaisissait peu à peu. Après avoir dormi à poings fermés dix bonnes heures, elle s'éveillait dans un lit à rideaux de percale imprimée, buvait une tasse de lait, repensait à tout cela et se disait :

— « Mais c'est un rêve ! »

Le prestige qui l'avait éblouie jadis s'était bien un peu altéré au contact constant de l'Idole et de ses augures. Cependant, il lui en restait quelque chose en arrivant chez les braves gens où elle se cachait. Au bout de quelques jours de séjour, tout s'évanouit, comme par enchantement. Elle y vit plus clair, et, à la fin, résuma la révolution de ses idées par un seul mot :

— « Que je suis bête ! Mais c'est des polichinelles comme les autres ! »

Un matin, comme elle bâillait à se décrocher la mâchoire, car la nature commençait à lui peser, elle vit arriver à la ferme un personnage grave qui la demanda.

— Tiens, Devienne, fit-elle, qu'y a-t-il ?

— Rien, dit celui-ci, en s'humanisant. Ça s'arrange. Vous allez recopier deux lettres, dont je vous apporte le brouillon, vous signerez bien gentiment et, dans huit jours, l'exil sera levé.

— Ma foi! dit Margot, il n'est que temps. Je me fais vieille ici.

Elle ne discuta rien. Elle prit le brouillon des lettres, les recopia textuellement et signa.

Quand ce fut fait, elle conduisit le président jusqu'au coupé qui l'attendait, et, fermant la portière :

— Dans huit jours, dit-elle.

— C'est dit.

— En ce cas, mon vieux, donne-moi à déjeuner au débotté et fais ouvrir les huîtres.

Qui se frotte au vernis en attrape ; elle avait repris le ton de la cour !

MORALITÉ.

Telle est l'exacte histoire de ces lettres que M. Lavertujon a livrées au public, au nom d'un gouvernement qui avait entrepris de chasser les Prussiens de la France.

TABLE.

	Pages
SOMMAIRE	5
AU LECTEUR	7
Les Courtisanes du Second Empire	11
Marguerite Bellanger	29
L'entourage du maître	33
Doux moment	39
Margot	41
Entrée de jeu	45
La croix d'Hostein	51
La petite maison de Mocquart	53
La réhabilitation	57
Elle le voit	61
Comédie de la maternité	65
Histoire d'une grenouille et d'un marquis	69
Obligation de compromettre Margot	73
Biarritz	77
Un soir	87
La délivrance	93
La vraie mère	99
Le ballet des abeilles	103
La logique de Mocquart	107
Épilogue	111
Le truc de Mocquart	119
Moralité	123

DOCUMENTS AUTHENTIQUES ANNOTÉS.

LES

PAPIERS SECRETS

DU

SECOND EMPIRE

ÉDITION DE BIBLIOTHÈQUE

Les numéros 1, 2, 3, 4, 5 & 6 sont en vente.

L'immense succès de cette publication a fait naître autour d'elle de petites concurrences parasites, affectant le plus possible de sembler se rattacher à notre travail, spéculant sur la crédulité du public en s'affirmant : Complètes.

Cela n'est pas, cela ne peut pas être, puisque la Commission n'a pas encore terminé son classement et que Dieu seul sait les choses curieuses à tous les égards qu'elle trouvera encore dans les paperasses impériales.

En outre, ces collections ne renferment pas le quart des matières de celles que nous avons publiées jusqu'à présent.

Les Papiers Secrets du Second Empire. — Édition de Bibliothèque — dont le 6e numéro vient d'être mis en vente — seront la seule collection réellement complète, car elle a donné déjà des documents qui n'ont jamais été et ne seront jamais publiés.

C'est la seule qui, de plus, soit annotée intégralement.

Nous avons donné, dans notre dernier numéro, un autographe de Napoléon III, et le n° 6 en contiendra un autre de l'Impératrice.

Rien de plus intéressant pour ceux qui ne connaissent pas l'écriture de ces illustres personnages.

Certain philo-calligraphe ne prétendait-il pas que l'on pouvait juger du caractère des gens rien qu'en examinant quelques lignes tracées de leur main?

Sans affirmer le fait, nous le rappelons utilement.

N° 1 (SEPTIÈME ÉDITION).

Sommaire.

L'impératrice. — Les maîtresses de Bonaparte. — Le roman impérial. — La fortune impériale. — Ce que coûtaient les Bonapartes. Les parents pauvres. — Le prix d'un baptême. — L'affaire Jecker. — Les vendus. — L'empire et la presse. — Le cabinet noir. — Les prémices du coup d'Etat. — Napoléon IV. — Les complots. — L'affaire Sandon. — Le ministère Ollivier-Duvernois. — Curieuses dépêches, etc., etc.

N° 2 (SIXIÈME ÉDITION).

Sommaire.

Au public. — Lettre de la reine de Hollande. — L'empire et la presse. — Les décorations. — Les fastes impériaux. — L'empire et l'église. — Le traité Benedetti. — Le cabinet noir. — L'incident Hohenzollern. — Le plébiscite. — La guerre. — Les préfets. — Les mystères de la flotte. — Le 15 août en province. — Curieuses dépêches, etc., etc.

N° 3 (CINQUIÈME ÉDITION).

Sommaire.

L'impératrice au Caire. — La politique impériale. — Annexion de la Belgique. — Les influences occultes. — La censure. — La noblesse impériale. — La campagne de 1870. — Les mystères de l'intendance. — Les familiers des Tuileries. — Coût de la famille impériale. — La bourse des amis. — Pot de vin égyptien. — Curieuses dépêches. — Notes diplomatiques. — Le mot de la fin, etc., etc.

N° 4 (QUATRIÈME ÉDITION).

Sommaire.

Avis important. — Le Gouvernement impérial faux monnayeur. — Le Mexique. — Les complices de Napoléon III. — Lettre de Mme Lafarge. — Ce que coûtaient les Bonapartes (*suite*). — L'empire et la presse (*suite*). — Les fortifications de Paris jugées par le général Totleben. — Le haut clergé. — Occupation de Rome. — L'Encyclique. — Les points noirs. — La mort de Charras, etc., etc.

N° 5 (DEUXIÈME ÉDITION).

AVEC AUTOGRAPHE DE NAPOLÉON III.

Sommaire.

Avis au lecteur. — Rapport de M. Lavertujon au Ministre de l'Intérieur. — Lettres patentes du Conseil de régence. — Mac-Mahon général en chef. — Fonds particuliers de Napoléon III. — Les décavés du Sénat. — Le cabinet noir (*suite*). — Les fonds secrets. — L'incident Cavaignac. — Baroche fils justifié par Baroche père. — Le favori de l'empereur Alexandre. — Les valets de lettres. — La magistrature courtisane. — Curieuses dépêches, etc., etc.

N° 6 (PREMIÈRE ÉDITION).

AVEC AUTOGRAPHE DE L'IMPÉRATRICE.

Sommaire.

Au public. — Autographe de l'Impératrice. — Les sujets de la République. — Les intrigues de Napoléon III. — Bismark et Prim. — Notes diplomatiques. (*suite*). — Les élections. — La noblesse impériale (*suite*). — Les décorations du prince impérial. — Lettres adressées à l'Empereur au sujet de *la Vie de César*. — Les proscriptions de décembre. — Rapports plébiscitaires. — La police secrète (*suite*). — Curieuse dénonciation. — Les solliciteurs. — Les zélés. — Le désordre impérial.

Prix : 1 franc.

www.ingramcontent.com/pod-product-compliance
Ingram Content Group UK Ltd.
Pitfield, Milton Keynes, MK11 3LW, UK
UKHW031915260826
14628UKWH00003B/1201

9 782012 938571